U0754400

包君成人文素养系列

包君成
文化
常识课

青少年应知的传统文化常识

包君成 编著

台海出版社

图书在版编目（CIP）数据

包君成文化常识课：青少年应知的传统文化常识 /
包君成编著 . -- 北京：台海出版社，2022.9（2023.8 重印）
ISBN 978-7-5168-3368-1

Ⅰ . ①包… Ⅱ . ①包… Ⅲ . ①中华文化—青少年读物
Ⅳ . ① K203-49

中国版本图书馆 CIP 数据核字（2022）第 150060 号

包君成文化常识课：青少年应知的传统文化常识

编　　著：包君成
出 版 人：蔡　旭
封面设计：璞茜设计
责任编辑：姚红梅

出版发行：台海出版社
地　　址：北京市东城区景山东街 20 号　　邮政编码：100009
电　　话：010-64041652（发行，邮购）
传　　真：010-84045799（总编室）
网　　址：www.taimeng.org.cn/thcbs/default.htm
E-mail：thcbs@126.com

经　　销：全国各地新华书店
印　　刷：炫彩（天津）印刷有限责任公司
本书如有破损、缺页、装订错误，请与本社联系调换

开　　本：880 毫米 × 1230 毫米　　1/32
字　　数：158 千字　　　　印　　张：8
版　　次：2022 年 9 月第 1 版　　印　　次：2023 年 8 月第 2 次印刷
书　　号：ISBN 978-7-5168-3368-1

定　　价：78.00 元

版权所有　翻印必究

自序：在缓缓的时代长河里捡拾文化常识

传承与发扬我国传统文化，是我们一代又一代人永恒不变的使命，是我们一直乐于并善于做的事。

从仓颉造字到印刷术发明，从部落聚居的野外谋生到高楼林立的城市生活，从驿站人马送信到现代网络的蔓延，是千万年，又似刹那间。更迭转换中，我们的语言文字、节日习俗、衣冠服饰、建筑楼阁等逐渐形成，又日新月异。星星点点的中国传统文化元素汇集在一起，流淌出了一条璀璨的长河。

然而，作为长年从事教学教研的一线人员，包子老师深刻感受到，同学们学习传统文化常常只是为了应付考试，并非受兴趣驱使或使命必达。这样的出发点导致大家往往只学来一星半点，浅尝辄止，更遑论系统性掌握并理解。如此不但不利于同学们的个人成长，更不利于传统文化的发扬与传承。包子老师希望通过这本小书，让同学们对于传统文化内涵的深厚、历史演变的艰辛以及相关理论知识，有更加准确而详细的了解。

为了便于梳理这些零散却闪光的文化故事，本书从"壮美河山""习以为常""文艺星空""生活静好""衣食住行"五大方面展开叙述。

壮美山河——"此生无悔入华夏，来生愿在种花家。"江南江北、河北河南，不一样的长江黄河水，滋养了不一样的中华儿女。梦想着有朝一日游遍三山五岳，五湖四海皆可为家；也要订下计划，去爬一遍长城，走一趟丝绸之路。我们要在波光粼粼的历史长河中，捡拾如星辰般的文化碎片，享受柔和微光带来的静谧。

习以为常——"春雨惊春清谷天，夏满芒夏暑相连，秋处露秋寒霜降，冬雪雪冬小大寒。"日月轮回，一年二十四节气是人们寒来暑往、秋收冬藏的定时器。从立春到谷雨、从立夏到大暑，我们跟随时间流转，在端午赛龙舟、在中秋团圆、在重阳登高……不同节日的风俗异彩纷呈。若是向祖辈问起生活幸福的技巧，想来他们也许会答"心安之处是吾乡"吧。

文艺星空——"窈窕淑女，君子好逑""桃之夭夭，灼灼其华"。这样的文字不胜枚举、美不胜收。不说《诗经》中丰富多彩的修辞，单就美感，已让人目眩神往。更别说乐府浅唱、歌赋经典、唐诗宋词……绝不止一种花抖擞绽放，必定是百花齐放、各领风骚，绚烂了一个又一个春秋。

生活静好——"茶亦醉人何须酒，书自香我何须花。"闲适安静的午后，和三五好友手持晶莹剔透的茶杯，悠然泡茶、品味、闲谈，或是下一盘围棋、弹一曲琵琶，秋千、毽子、蹴鞠、投壶，提起哪个都不失为一场风雅。

衣食住行——"民以食为天。"琐碎的日常里，着实藏着浪漫。先说服饰，从古至今，服饰各色各样，华贵的唐装、雍容的汉服、儒雅的中山装；再说美食，送行饺子迎客面、南方汤圆北方元宵、八大菜系八种口味；还有住与行，房屋讲究坐北朝南，驿站送信八百里加急……忙忙碌碌，聚散有时，烟火人间，风味长存。

现在，包子老师写下这些文字，热切希望能够激发同学们探索中国传统文化的兴趣，从而在往后的生活学习中，对传统文化多加关注，细品其中的趣味，引发更深的思考。

话不多说，我们书里见！

目录

贰 习以为常

叁 文艺星空

肆　生活静好

伍 衣食住行

壹

美山
壮河

纵览"三山五岳",看尽"五湖四海"

常听人说:"我要游遍三山五岳,结交来自五湖四海的朋友。"这里的"三山五岳""五湖四海"如今泛指全国各地或世界各地。当然,我们也有必要了解一下,它们最初究竟指代的是哪些地方。学习嘛,就要知其然,更要知其所以然。

"三山五岳"可笼统地指称祖国各地的名山大川,但"三山""五岳"也有具体的指代对象。

先说"三山"。相传在遥远的海上,曾有三座"仙山",分别叫作蓬莱、方丈和瀛洲,是神仙所居之地。古人对这三座山充满了好奇和想象,常在小说、诗词里描绘它们的美景,但也仅限于传说,人云亦云。后来,人们为了延续"三山"之说,就把安徽的黄山、江西的庐山和浙江的雁荡山这三座历史悠久、风景迷人的山合称为"三山"。

再说"五岳"。它们是中国名山中的五大代表,分别指东岳泰山、西岳华山、南岳衡山、北岳恒山、中岳嵩山。此处的"东、南、西、北、中",是以中原地区为中心进行划分,再按照各山所在的方位命名的。这五座山景色各异、特点鲜明：泰山雄伟、华山险峻、衡山秀丽、恒山奇崛、嵩山古朴。"五岳"不仅风景优美，更承载着深厚的历史文化。比如，古人认为泰山最高，最接近天神，因此被称为"五岳独尊"，人们常用"泰山北斗"形容一个人的地位崇高。衡山一直都有"寿岳"之称，一说人们常用的吉祥语"寿比南山"中的"南山"指的就是衡山。嵩山也是一座历史悠久的名山，佛教文化在这里生生不息……所以，"五岳"不单是这五座名山的合称，更是矗立在中国历史文化长河中的五个重要标志，名扬天下。

我国不仅地大物博，各地的自然景观也是奇而又奇，除了上述各大名山之外，各地的江河水域也令人叹为观止。俗话说"五湖四海皆兄弟"，这"五湖"和"四海"指的又是什么呢？

我国的著名湖泊水域数不胜数，所谓"五湖"说的是江西鄱阳湖、湖南洞庭湖、安徽巢湖，还有江苏的洪泽湖和太湖。当然，风光奇特的也远不止这五个，为什么偏是它们入选"五湖"呢？主要是因为它们是我国面积最大的五个淡水湖，正好又集中在长江中下游地区，是我国湖泊中的代表。至于"四海"，说的是分布在我国东南西北地区的四片海域。古人以中原地区为中心，把陆地周围的几片海域分别称为东海、南海、西海、北海。如今，人们习惯上把渤海、黄海、东海、南海合称为"四海"。古人曾经认为，海洋是陆地的终点，到了海上，就是到了世界的尽头，所以"四海"一词常用来形容极为广大的范围。现在的"五湖四海"早已不再特指上述五大淡水湖和四片海域，而是代表了全国各地，甚至世界各地，成为一个形容地域广阔的固定成语。

汉语词汇的演变是不是很有意思？愿你有朝一日也可以纵览"三山五岳"，看尽"五湖四海"！

"龙脉"秦岭的神奇之处

"云横秦岭家何在？雪拥蓝关马不前。"唐代诗人韩愈被贬谪时途经秦岭，遥望眼前景，回顾长安，悲酸之情涌上心头，便写下了这首《左迁至蓝关示侄孙湘》。诗中提到的"蓝关"，正是位于秦岭的一条古道。古时，这是一条连接西安至秦岭东南方向的重要通道。

秦岭是中国南北地区的重要分界线，有了它，中原大地便有了南方和北方的概念，秦岭以北是北方，以南为南方。巍峨的秦岭山脉如一条纵横东西的神龙，划分出北与南的界线，因此秦岭一直有"龙脉"之称。从地理角度看，秦岭—淮河线还是0℃等温线、年降水量800毫米等降水量线、暖温带与亚热带分界线、湿润区与半湿润区分界线等。可以说，秦岭是一条传奇的山脉。它因恰到好处的高度与位置，阻挡了来自南方的水汽，同时也阻挡了北方的寒冷空气，简直有"一夫当关，万夫莫开"之势。

秦岭北坡的众多河流汇聚成黄河最大的支流——渭河，水流滔滔，冲击出八百里秦川。传说，农神后稷就在这里教人们种植庄稼。这片富饶的土地还诞生了西周王朝，西周推翻商的统治，于秦岭脚下的镐京建都，后来一步步强盛起来。最终建立了统一政权的秦国，同样在秦岭脚下的咸阳定都。秦以前，秦岭一直被叫作"终南山"，秦始皇统一天下后，认为是这条高大的山脉赋予了他无限力量，便说："秦为天下之脊，南山为秦之脊背。"从此以后，人们便将这条山脉称为"秦岭"。秦始皇死后被葬于骊山，依偎在秦岭的怀抱之中，好似仍掌握着天下龙脉。秦岭对于秦朝，乃至整个中华民族的重要性，不必多言。

秦岭四周是可以抵御外敌的崇山峻岭，地理位置优势显著，前后有十三个王朝都选在此处建都。还有一种说法认为，《山海经》中所提到的昆仑，指的也是秦岭。

这条神奇的分界岭从气候上将中国彻底地阻隔成南北两面，南有长江，北有黄河，孕育着各自精彩的南北文化。北方四季分明，多平原；南方气候温润，多水乡。我们熟悉的成语中有许多都记录着南与北的差异，像是南腔北调、南辕北辙、南征北战、南来北往……南方与北方在饮食文化、语音语调、生活习惯上或许有许多不同之处，却也有着更多的相同之处。

无论南北，都是中华文明存续的证明，同根同源，承自一脉。

秦岭既是划分南北的界线，也是连接南北的经脉。秦岭始终如一条巨龙横卧在中华大地上，以绵长连贯、充满生机的血脉滋养着中华民族的文化精魄。

神秘荒凉的岭南世界

苏东坡的《惠州一绝》脍炙人口，其中的名句更是写满了人间烟火味："日啖荔枝三百颗，不辞长作岭南人。"

诗中提到的荔枝之乡——岭南，其实是我国南方五岭以南地区的概称，以越城岭、都庞岭、萌渚岭、骑田岭和大庾岭五岭为界，与内陆相隔。因为历朝历代的行政区域划分不同，所以对于岭南的具体划分也略有差异，通常认为岭南包括广东、广西、云南东部和福建西南部的部分地区。

略显神秘的岭南地区其实也是一片文化圣地，《山海经》中对此亦多有记载。传说广东花都就是上古时期盘古国的所在地。先秦时期，把长江以南沿海一带的众部落统称为"百越"，包括吴越、闽越、扬越、南越、西越、骆越等，其中以南越为首的三大部族皆位于岭南地区。或许，南越国听来有点儿耳生，但提起南越王的金缕玉衣，可谓无人不识。1983年，广州西汉南越王墓出土了一套玉衣，与中原汉代诸侯王的玉衣外形基本一致，但玉片之间穿缀着丝丝缕缕的金线，工艺精美，十分华贵，足见玉衣主人地位之高，绝非汉代一般诸侯王可比。

其实，南越国的建立可以追溯到更早的秦代。在秦王朝统一后的第二年，秦始皇任命屠睢为大将，率领五十万大军，开赴岭南。可惜事与愿违，横扫六合的秦之锐士在岭南这片荒凉的烟瘴之地，也只能折戟沉沙。兵分五路的秦军遭到当地各部落的合围，激战三年后，不但铩羽而归，就连主将屠睢也被射杀。这对于一统天下的秦始皇来说，简直是奇耻大辱。于是秦重整旗鼓，再次进发岭南，这次终于成功平定岭南，并设立了桂林、象、南海三郡，命主将与大军就地驻扎。直到秦朝覆灭，此时的岭南主将赵佗闭锁三关，自立为王。就这样，直到刘邦建立汉朝，南越仍始终凭借地形的优势占据岭南地区，简直无懈可击。汉武帝时期，南越国内部纷乱不堪，外部忧患不断，这个雄霸岭南九十三年、坚如堡垒的神秘古国才终于覆灭。

南越古国虽已被历史的洪流斩断，但岭南文化却始终生长在层层叠叠的山岭间，采中原之精粹，纳四海之新风，在中华文化之林中独树一帜。岭南文化汲取了中原的儒家文化，诞生了陈献章、湛若水等儒学大家，开创了明代心学的先河。岭南出身的诗人张九龄诗风清淡、语言素练、意境深远，一扫唐初沿袭的六朝绮靡诗风，被誉为"岭南第一人"。随着广州十三行的建立，岭南地区更是成为清朝与世界进行商业贸易和文化交流的唯一窗口。今天的岭南地区，则继续发扬着多元与包容的文化传统，向世界展示着古老而智慧的东方文明。

"万里长城"不只风景独好

毛泽东的名篇《清平乐·六盘山》，回顾了万里长征的行程，表达了红军战士勇往直前的钢铁意志和抗战必胜的坚定信念。其中，"不到长城非好汉，屈指行程二万"一句尤为豪迈，尽显战士们不达目标不放弃的英雄气概。

这首词激发了无数人对万里长城热切的向往，都想知道它究竟有多么难攀登，以及它对中华民族究竟有着怎样的意义。时代变迁，这条万里"长龙"经过时光的洗礼，被历史刻上了斑斑印记，彰显着岁月的峥嵘，虽不能复原，却给后人留下了无尽的想象空间。

那么，修筑长城的意义是什么？

首先是军事意义。长城具有御敌和攻敌的作用，是世界古代史上最伟大的军事防御工程之一。封建社会，北方游牧民族经常侵略中原地区，长城便是阻挡外来入侵的天然屏障。它由点到线、由线到面，把长城沿线的隘口、军堡、关城和军事重镇连接成一张严密的网，形成了一个完整的防御体系。同时，长城内外均有军队驻守，方便寻求时机抗敌进攻。

其次是经济意义。和平时期，游牧民族和中原地区经常进行贸易往来，互惠互利；可一旦发生战争，就要进行必要的经济封锁。此时，长城就起到了非常重要的作用，各个关隘均不放行，北方游牧民族很难来中原从事贸易活动。所谓"一夫当关，万夫莫开"，一道高大坚固的城墙就能抵御千军万马于边关。

最后是农业价值。长城是中国古代农业社会和平安定的保障。两千余年的历史长河中，历代统治者凭借长城，多次击退自北方游牧民族的侵扰。平时，物资也会储存于长城之上，一旦某地有需要就能火速送到，非常方便。长城为封建社会农业经济的生存和发展创造了相对和平的环境，使人们的生活更加安定。

长城设有很多关卡，包括山海关、黄崖关、居庸关、紫荆关等。下面主要介绍一下山海关和居庸关。

山海关，又称"榆关"。1381年，明太祖朱元璋下令在此筑城建关，这里遂成为华北通向东北的咽喉要道，因其枕山襟海，故得名"山海关"。山海关有"天下第一关"之美誉，牌匾为明代著名书法家萧显所书。隆庆至万历初年，爱国名将戚继光镇守蓟镇长城一线长达16年。他曾率兵出关作战，写下《出榆关》一诗，反映了当时的军威之壮："前驱皆大将（大将，炮名），列阵尽元戎（元戎，炮名）。夜出榆关计，朝看朔漠空。"

居庸关有"天下第一雄关"之称，得名始于秦代。春秋战国时代，此关成为军事要隘，汉代已颇具规模，此后历唐、辽、金、元数朝，居庸峡谷都有关城之设。成吉思汗灭金即入此关，现存关口建于明洪武年间。关城内有云台，台上原有三座喇嘛塔，塔在元末明初时被毁，明代在台上建泰安寺，清康熙年间亦遭焚毁，现汉白玉塔基仍存，台座有一南北向的券门①，可通车马。整个云台也是古代雕刻艺术的杰作。居庸关风景秀丽，有"关沟七十二景"之说。

长城的出现和存在，与生存、秩序、传承发展休戚相关。长城的修筑，有效促进了民族融合与社会进步，代表了一种共存共生、融合发展的关系。长城的每一块砌砖、每一块垒石上，都凝结着中华民族企望和平的心愿。长城是人类文明的标志，也是中华文化的图腾。

---

① 券门：古代由于平时不少士兵是守在城下的，一旦有战事发生，即要登城参加战斗，所以在长城内侧每隔不远就建有一个圆拱形小门，称作"券门"，有石阶通到城墙顶上。

长江三峡究竟是哪三峡

小时候，听大人说起长江三峡，还以为是三位侠客，行侠仗义。现在想想，那时候真是有点儿傻得可爱。其实，长江三峡西起重庆市奉节县的白帝城，东至湖北宜昌市南津关，全长193千米，沿途两岸奇峰陡立、峭壁对峙，自西向东依次有瞿塘峡、巫峡、西陵峡这三峡。

瞿塘峡 总长8千米，是三峡中最短的一个，也是较为雄伟险峻的一个。两岸如削，岩壁高耸，大江在悬崖绝壁间汹涌奔流，自古就有"险莫若剑阁，雄莫若夔（kuí）"的美称。瞿塘峡的名胜古迹众多，比如峡口的上游有奉节古城、八阵图、鱼复塔等。

峡端入口处两岸断崖壁立相距不足一百米，形如门户，名"夔门"，也称"瞿塘峡关山岩"，上有"夔门天下雄"五个大字。左边的名为"赤甲山"，相传古代巴国的赤甲将军曾在此屯营，尖尖的山嘴活像一个大蟠桃；右边的名为"白盐山"，不论天气如何，总是焕发着一层层或明或暗的银辉。瞿塘峡虽短，却能"锁全川之水，扼巴蜀咽喉"，有"西控巴渝收万壑，东连荆楚压摹山"的雄伟气势。古人形容瞿塘峡是"夔门穿一线，怪石插流横。峰自云中出，舟从地底行"。

巫峡　在重庆巫山和湖北巴东两县境内，西起巫山县城东面的大宁河口，东至巴东县官渡口，绵延46千米，包括金蓝银甲峡和铁棺峡峡谷，是长江横切巫山主脉背斜而形成的。

巫峡又名"大峡"，以幽深秀丽著称。整个峡区奇峰突兀，怪石嶙峋，峭壁屏列，绵延不断，是三峡中最可观的一段，宛如一条迂回曲折的画廊，充满诗情画意，可以说处处有景，景景相连。"万峰磅礴一江通，锁钥荆襄气势雄"是对它真实的写照。

西陵峡　在湖北宜昌市秭归县境内，西起香溪口，东至南津关，约长76千米，是长江三峡中最长、以滩多水急闻名的山峡，素有"三峡门户、川鄂咽喉"之美称。

整个峡区由高山峡谷和险滩礁石组成，峡中有峡，大峡套小峡；滩中有滩，大滩含小滩。自西向东依次是兵书宝剑峡、牛肝马肺峡、崆岭峡、灯影峡四个峡区以及青滩、泄滩、崆岭滩、腰叉河等险滩。

除了要懂得如何欣赏三峡自然风光之俊美，同学们更要了解关于三峡的诗文和传说。

北魏时期的郦道元在地理名著《水经注》中有一段关于三峡的生动叙述："自三峡七百里中，两岸连山，略无阙处。重岩叠嶂，隐天蔽日。自非亭午夜分，不见曦月。至于夏水襄陵，沿溯阻绝。或王命急宣，有时朝发白帝，暮到江陵，其间千二百里，虽乘奔御风，不以疾也。春冬之时，则素湍绿潭，回清倒影。绝𪩘（yǎn）多生怪柏，悬泉瀑布，飞漱其间，清荣峻茂，良多趣味。每至晴初霜旦，林寒涧肃，常有高猿长啸，属引凄异。空谷传响，哀转久绝。故渔者歌曰：'巴东三峡巫峡长，猿鸣三声泪沾裳。'"

郭沫若在《蜀道奇》一诗中把峡区风光的雄奇秀逸描绘得淋漓尽致："万山磅礴水泱漭（mǎng），山环水抱争萦纡（yū）。时则岸山壁立如着斧，相间似欲两相扶。时则危崖屹立水中堵，江流阻塞路疑无。"毛泽东曾留下名句："更立西江石壁，截断巫山云雨，高峡出平湖。神女应无恙，当惊世界殊。"其中的豪迈眼光和浪漫情怀，值得同学们好好体会一番。

不得不提的还有三峡水电站。该站是目前世界上规模最大的水电站和清洁能源基地，也是中国有史以来建设的最大型的工程项目。

黄河：中华民族的母亲河

黄河，既是一条源远流长、波澜壮阔的自然河，又是一条孕育中华民族灿烂文明的母亲河。

很久以前，黄河的水并不黄。古代的黄河，河面宽阔，水量充沛，水流清澈。那时，它不叫黄河，《说文解字》中称为"河"，《山海经》中称为"河水"。

黄河在战国末期被称为"浊河"，西汉初年，人们发现河水渐渐变成黄色，始称"黄河"。《汉书》有"使黄河发带，泰山如厉"的记述，但"黄河"一名直到宋代才被广泛使用。

那么，为什么我们称黄河为母亲河呢？

黄河发源于青海省巴颜喀拉山的北麓，途经 9 个省区，呈"几"字形，全长为 5400 多千米，是我国第二长河，也是世界上的长河之一。黄河中上游以山地为主，中下游以平原、丘陵为主。由于河流中段流经中国黄土高原地区，夹带了大量的泥沙，也被认为是世界上含沙量最多的河流。

黄河是中华民族的摇篮。几千年以前，人们开始在这里繁衍生息，因此黄河被称为母亲河。远古时期，中国境内的先民就生活、奋斗和繁衍在黄河流域。由于气候温和，水文条件优越，有利于农作物生长，先民们便定居于此。

　　中国文明初始阶段的夏、商、周三代以及后来的西汉、东汉、隋、唐、北宋等几个强大的统一王朝，其核心地区也都在黄河中下游一带；反映中华民族智慧的许多古代经典文化著作，也产生于这一地区；标志着古代文明的科学技术、发明创造、城市建设、文学艺术等也同样产生在这里。写黄河的著名诗句有很多，仅以唐诗为例：李白的《将进酒》："君不见黄河之水天上来，奔流到海不复回。君不见高堂明镜悲白发，朝如青丝暮成雪"；王维的《使至塞上》："单车欲问边，属国过居延。征蓬出汉塞，归雁入胡天。大漠孤烟直，长河落日圆。萧关逢候骑，都护在燕然"；王之涣的《登鹳雀楼》："白日依山尽，黄河入海流。欲穷千里目，更上一层楼"；刘禹锡的《浪淘沙·其一》："九曲黄河万里沙，浪淘风簸自天涯。如今直上银河去，同到牵牛织女家。"

　　黄河孕育了中华文明，哺育了中华儿女，人们常说黄河是中华民族的摇篮，是中华民族的母亲河，其意义就在这里。

　　但黄河也绝不是"温顺"的母亲。由于过度开发、植被破坏、自然灾害等原因，黄河也曾多次决口，给人们带来巨大的灾难。黄河安澜一直是中华儿女的梦想，我们一直保持战天斗地、不怕困难的斗志，一直践行和谐发展、持续发展的理念。经过治理，黄河的生态环境系统已经得到了改善，这也是中华儿女创造的人间奇迹。

　　人无精神而不立。黄河代表了中华民族勇往直前、不怕困苦、不怕艰难、不屈不挠的精神，哺育了一代又一代的中华儿女。黄河，同样代表着中华民族勇于进取、勇于付出的大无畏精神。

号称"六朝古都""七朝古都""九朝古都""十三朝古都"的是哪些城市

朱雀桥边野草花，乌衣巷口夕阳斜。

旧时王谢堂前燕，飞入寻常百姓家。

想必大家对唐代诗人刘禹锡的这首《乌衣巷》都耳熟能详吧！此诗凭吊了昔日东晋秦淮河上朱雀桥和南岸乌衣巷的繁华鼎盛，感慨当下野草丛生、荒凉残照的景象，不免叹一句：沧海桑田、人生多变。

秦淮河属于今天南京的地界，而南京号称"六朝古都"。上下五千年，我国朝代更迭了几十个，留名的古都数不胜数。无论如何迁移，总有些城市能成为新生王朝建都的首选。那么，史上"六朝古都""七朝古都""九朝古都""十三朝古都"指的分别是哪些城市呢？今天，我们就一起领略这些古都的风采吧！

如上所述，"六朝古都"指现今江苏省南京市，古称"金陵""建康"。南京拥有得天独厚的风水佳境，很多新生王朝都选在这里建都，如东吴，东晋，南朝的宋、齐、梁、陈，因而被称为"六朝古都"。南京在中国历史上的地位十分特殊，虽非兵家必争之地，但若想得到经济支持，就必须得到南京，且无论如何都不能影响当地的经济，这是历朝历代的共识。所以，自古以来，朝代更替对南京的影响是最小的。

"七朝古都"指现今河南省安阳市。这是一座具有3000多年历史的文化名城，历史上，先后有商、曹魏、后赵、冉魏、前燕、东魏、北齐等在此建都。盘庚迁殷、武丁中兴、奴隶傅说拜相、文王拘而演《周易》、西门豹投巫治邺地、蔺相如降生古相村、信陵君窃符救赵、项羽破釜沉舟、曹操邺城发迹等逸事均发生在此地，女将军妇好、三朝宰相韩琦、抗金名将岳飞等历史名人也出生于此。郭沫若有句总结说得好："洹水安阳名不虚，三千年前是帝都。"

"九朝古都"特指现今河南省洛阳市，乾隆皇帝御封其为"九朝古都"。其实，这里的"九"指数量多的意思，并非洛阳只是9个朝代的都城。它地处古洛水之北，有4000年的建城史和1500余年的定都史，先后有夏、商、西周、东周、东汉、曹魏、西晋、北魏、隋、唐、后梁、后唐、后晋13个王朝在此建都。它是中国历史上建都最早、时间最长、朝代最多、跨度最大的都城，也是我国历史上唯一被命名为"神都"的城市。河图洛书在此诞生，"儒、释、玄、道理"肇始于此，丝绸之路与隋唐大运河在此交汇。

"十三朝古都"一般有两种说法：一是指洛阳，前文已述；另一个指今陕西省西安市。西安，简称"镐"，古称"长安""镐京"，是中华文明和中华民族重要发祥地之一，有 3100 多年的建城史和 1100 多年的国都史，先后有西周、秦、西汉、东汉、新朝、西晋、前赵、前秦、后秦、西魏、北周、隋、唐 13 个王朝在此建都。它是大西北地区的重镇、今陕西省的省会，地理位置优越，物产丰饶，文化经济发达，还是古丝绸之路的发源地。

中国是一个疆域广阔、土地富庶的文明古国，在这片辽阔的土地上曾上演了一幕幕金戈铁马的朝代更迭史。都城地位特殊，在建筑规模或风格方面都有其独到之处，代表了同时代最高的建筑水平，连接着过去、现在和未来，是各朝各代的文化缩影，也是其时中华文化的精华展现。因此，深度挖掘这些古都背后的文化内涵，深度保护且系统建设古都的文化，至关重要。

丝绸之路：花开两朵，各表一枝

很多人都知道"丝绸之路"这一著名的贸易通道，丝绸之路其实分为"陆上丝绸之路"和"海上丝绸之路"。19世纪末，德国地质地理学家李希霍芬多次来华考察。他在《中国》一书中，把从公元前114年至公元127年间，中国与中亚和印度之间以丝绸贸易为媒介的重要对外商业通道，命名为"丝绸之路"。

"丝"指蚕丝，"绸"代表绸缎，顾名思义，丝绸之路就是运送丝绸等货品的通道，简称"丝路"。这个命名形象且贴切。中国是最早开始种桑、养蚕、生产丝织品的国家。据考古发现，商、周两朝时期，我国丝绸的生产技术已经发展到相当高的水平。精美的丝绸制品至今仍是中国奉献给世界人民最重要的产品之一。多少年来，不少研究者想给这条贸易道路另起一个名字，如"玉之路""宝石之路""佛教之路""陶瓷之路"等，却终究无法取代"丝绸之路"一名在人们心中的地位。

"陆上丝绸之路"是以中国古代的首都长安（今陕西省西安市）为起点，经甘肃、新疆，到中亚、西亚并连接地中海各国的陆上通道。

公元前 139 年，汉武帝曾派张骞出使西域。当时汉王朝的北部和西部边境受到匈奴人的威胁，派人出使西域的目的是想找到能够抵御匈奴的同盟者。张骞为了联系潜在盟友，必须冒险穿过匈奴人控制的地区。离开汉朝边境后不久，他就被匈奴抓住，被扣留在西域长达十年之久。其间，他娶了一名匈奴妻子，却始终不忘使命，趁匈奴人放松警惕之时，携全家逃离。可惜，他并未能建立起反抗匈奴的联盟。返回大汉的途中，张骞再次被俘，一年后才趁机逃回祖国。

公元前 102 年至前 98 年，汉武帝发动了一系列战争，重创了匈奴的势力，使河西走廊地区恢复和平。河西走廊是丝绸之路的要道，张骞在出使西域的过程中所获得的一些信息对打开丝绸之路、建立中国与西方的联系起到了关键作用；作为一条商业通道，丝绸之路还促进了亚欧各国和中国的友好往来，是一条沟通东西方文化的友谊之路。除了出使西域的张骞，还有投笔从戎的班超、西天取经的玄奘，他们的经历都与这条路息息相关。这条长约 7000 千米的漫漫长路，是经过几代人耗时三百多年的努力建成的，历代对其都进行了维护。

中国的丝绸除了通过横贯大陆的交通线大量输往中亚、西亚和非洲、欧洲等地，也通过海上交通线源源不断地销往世界各国。从汉代起，中国人就开通了从广东到印度的海上航道。宋代以后，随着中国南方的进一步开发和经济重心的南移，从广州、泉州、杭州等地出发的海上航路日益发达，从南洋到阿拉伯海越走越远，甚至远达非洲的东海岸。当时的学者把这些海上贸易往来的航线统称为"海上丝绸之路"。唐代，中国东南沿海有一条叫作"广州通海夷道"的海上航路，这便是中国"海上丝绸之路"的最早起源。该航线全长 1.4 万千米，是当时世界上最长的远洋航线，途经百余个国家和地区。宋元时期，其长度范围覆盖大半个地球，是当时人类历史活动和东西方文化经济交流的重要载体。

我国历代王朝经营、开拓丝绸之路的事业富有浓厚的"怀柔远国"的政治理想色彩，其本身也反映出强大的国力水平。历史上的大汉、盛唐等气象，也是随着丝绸之路发展和丝路贸易繁荣而带动的政治、经济以及文化思想飞跃发展时期社会面貌和精神风貌的整体呈现。

伴随丝绸之路的开辟和发展，欧亚大陆产生了民族迁徙、融合的宏伟过程。经过几个世纪的不懈努力，丝绸之路向西延伸到地中海地区，广义上的丝路东段已到达韩国、日本，西段延伸至法国、荷兰。海上丝路还可以到达意大利、埃及等国，成为亚洲、欧洲、非洲各国经济文化交流的友谊之路。

丝绸之路的开通是人类发展史上的一次伟大壮举，展现了中国人民的智慧与勇气，也向世界展示了中华民族的前瞻性和民族个性。

"世界屋脊"究竟有多高

"是谁带来远古的呼唤，是谁留下千年的祈盼……"每当听到《青藏高原》这首歌，我们就会深感自豪：我国的青藏高原是"世界屋脊"。

青藏高原是世界海拔最高、中国面积最大的高原，平均海拔在 4000 米以上，喜马拉雅山脉位于其上，被称为"世界屋脊""第三极""亚洲水塔"，其南起喜马拉雅山脉南缘，北至昆仑山、阿尔金山脉和祁连山北缘，西部为帕米尔高原和喀喇昆仑山脉，东及东北部与秦岭山脉西段和黄土高原相接，介于北纬 26°00′ ~ 39°47′，东经 73°19′ ~ 104°47′ 之间。高原东西长约2800 千米，南北宽 300 ~ 1500 千米，总面积约 250 万平方千米，地形上可分为羌塘高原、藏南谷地、柴达木盆地、祁连山地、青海高原和川藏高山峡谷区 6 个部分。包括中国西藏全境和青海、新疆、甘肃、四川、云南的部分，以及不丹、尼泊尔、印度、巴基斯坦、阿富汗、塔吉克斯坦、吉尔吉斯斯坦的部分或全部。高原由北向南包括祁连—柴达木、昆仑、巴颜喀拉、冈底斯、喜马拉雅、羌塘—昌都 6 个构造带，各构造带之间为蛇绿混杂岩所代表的缝合带隔开，大致以龙木错—金沙江缝合带为界。

世界最高峰珠穆朗玛峰顶峰在中国和尼泊尔国界线上，世界第二高峰也在这里。而全球 14 座 8000 米以上的山峰中，西藏自治区就有 5 座。青藏高原和南北极有着共同的特点，即气候寒冷，也有专属的特点：空气稀薄，气压低。所以人们也将青藏高原称为"第三极"——高极。

那么"亚洲水塔"的称号是怎么来的呢？原来，以青藏高原为主体的"第三极"，有众多的高山山脉，分布着除南北极之外最大的冰川群，滋润了数量众多的河流和湖泊，作用极为重要。需要注意的是，相较于其他冰原地区，青藏高原显得更为脆弱，积雪融化的速度快得惊人。截至 2010 年的一个世纪里，该地区的温度平均升高了约 16 摄氏度，为全球升温速度的 2 倍，部分地区的升温速度甚至更快。同时，青藏高原的冰川大都处于高海拔低纬度地区，这就意味着它们对于气候的变化尤为敏感，融化的速度会进一步加快。因而，保护青藏高原的环境，刻不容缓。

谁才是真正的"天府之国"

众所周知，中国有一个地方被称为"天府之国"，那就是成都平原。可你是否知道，还有几个地方也被称为"天府之国"。我们不妨细数一下。

如今依旧名副其实的"天府之国"——成都平原。

追根溯源，最早把成都平原称为"天府"的是诸葛亮。《三国志·蜀志》卷五载诸葛亮言："益州险塞，沃野千里，天府之土。"成都平原的地理特征与关中平原极为相似，四面环山，易守难攻。土壤尤为肥沃，只是碍于水文条件及生产技术落后的原因，在很长一段时间都默默无闻。直到被秦国占领后，成都平原才开始发展起来。

说起来，成都平原能够成为"天府之国"，最应感谢的便是秦国的李冰父子。秦国攻占巴蜀两国后，为了经营巴蜀之地，派李冰父子去修建都江堰。都江堰竣工后，灌溉蜀、广汉、犍为三郡，既除水害，又利农业，不仅便利交通，也使得蜀中生态环境得到优化。加之王朝更迭，关中地区战火连绵，而巴蜀地区远离主要战场，得以休养生息。至唐朝，巴蜀地区取代关中平原，至今依旧是名副其实的"天府之国"。

最早出现的"天府之国"——关中地区。

据《史记·苏秦列传》记载，公元前338年，苏秦游说秦惠王时道："秦四塞之国，被山带渭，东有关河，西有汉中，南有巴蜀，北有代马，此天府也。"这是关于"天府"之地的最早记载。《史记·留侯世家》也载：秦末汉初，张良在论证定都关中时，说"关中左崤函，右陇蜀，沃野千里，此所谓金城千里，天府之国也"。这是历史上第一次出现"天府之国"的描述。

古代关中地区的基本特点是山环水绕、沃野千里。秦岭山脉、渭北山系与黄河形成天然屏障，泾、渭、灞诸水从八百里秦川流过。这样的地理环境非常适宜农业生产和人类生活，于是关中平原成为史上第一个被冠以"天府之国"之称的地方。

千年之后才被承认的"天府之国"——北京小平原。

首次将北京小平原划为"天府之国"的人还是苏秦。据《史记·苏秦列传》载：苏秦离开秦国之后，辗转来到燕国，为了鼓动燕文侯争霸的决心，便对燕文侯说："燕东有朝鲜、辽东，北有林胡、楼烦，西有云中、九原，南有滹沱（hū tuó）、易水……南有碣石、雁门之饶，北有枣栗之利，民虽不田作而足于枣栗矣，此所谓天府者也。"这是北京小平原首次被称为"天府"的记载。但此说法没得到广泛认可的一个很重要的原因，就是燕赵之地在战国时期一向被认为是苦寒之地，实在难和"天府"之间建立联想。

明朝初期，朱棣迁都北京，迁移了大量人口，加之历朝历代对北京地区的经营，这里日益发展壮大。后来，为了加强王朝的统治、表明朱棣迁都的正确性，很多大臣上奏明确北京小平原是当之无愧的"天府之国"。史载明成祖即位后："诏群臣议营建北京……公侯伯五军督及京都指挥等官上疏曰：'臣等切惟北京河山巩固，水甘土厚，民俗淳朴，物产丰富，诚天府之国，帝王之都也。'"从苏秦提出到明代最终承认，"天府之国"这顶帽子，北京小平原戴得可谓一波三折。

除这三个比较出名的"天府之国"外，古代还有江南地区、太原附近、闽中地区、沈阳一带、武威地区和台东地区在不同时期内也被称为"天府之国"，但除江南地区有着"苏湖熟，天下足"的美誉之外，其他地区的影响力都太小了，不足以撑起"天府之国"的美誉，也就没什么名气，鲜被人提起。

"四大迁徙"知多少：闯关东、走西口、下南洋、湖广填四川

我国历史上有四次大规模的人口迁徙，即闯关东、走西口、下南洋、湖广填四川。让我们一一道来。

闯关东 分为广义、狭义两个概念。有史以来，山海关以内地区的民众出关谋生，皆可谓之"闯关东"，此为广义；狭义的"闯关东"仅指从清朝同治年间到中华民国这一时期内，关内百姓去关东谋生的历史。通常所说的"闯关东"是狭义的。

山海关城东门界定着关外和中原大地，从清朝到民国数百年间，山东等地的关内人兴起了闯关东。

清兵入关实行民族等级与隔离制度，顺治曾告诫满洲贵族末路就是退往关东。满人倾族入关，关东人口剧减，清王朝借口"祖宗肇迹兴王之所"保护"参山珠河之利"，长期对关东实行封禁政策。顺治开始，满境分段修千余公里"柳条边"篱笆墙——东北长城（柳条边墙、柳墙、柳城、条子边），康熙中期竣工。从山海关经开原、新宾至凤城南的柳条边曰"老边"；自开原东北到吉林市北曰"新边"。因此在民间有"边里人""边外

人"的说法。

19 世纪中叶，虚掩的山海关大门敞开，流民潮涌。开放的历史条件下，中原文化迅速在关东地区扩散，使得中原文化和关东文化在辽阔的关东得以并存。

走西口 清代是中国人口发展史上的一个重要时期。清初，通过康、雍、乾三世的休养发展，至乾隆朝全国人口突破三亿大关。"走西口"是清代以来成千上万名晋、陕等地老百姓涌入归化城、土默特、察哈尔和鄂尔多斯等地谋生的移民活动。这一移民活动，大大改变了内蒙古地区的社会结构、经济结构和生活方式。同时，占移民比例极高的山西移民作为文化传播的主要载体，将晋文化带到内蒙古中西部地区，使当地形成富有浓郁山西本土特色的移民文化。晋文化作为农耕文化的一部分，通过人口迁移，与当地的游牧文化相融合，形成富有活力的多元文化，丰富了中国的文化构成。

下南洋 下南洋是中国近代史上一次著名的人口迁徙。明清到民国时期，中国人多地少，外族入侵，农民起义、战乱不断，民不聊生，不少福建、广东等地的中国人选择到南洋讨生活。那时的南洋即现在的东南亚岛屿，既有肥沃的土地，又有较适合人类生存的气候条件，还有跟中国地缘临近的优势。此外，英国、荷兰曾在东南亚招募大量华工，因而在中国南部曾形成一种逃难下南洋的潮流。

中华民族本是农耕民族，固守一亩三分地，而做一个离家的游子，去到新世界努力与开拓，确实需要极大的勇气。当时的南洋生活远比人们想象中艰辛，要么割橡胶，要么挖锡矿，要么修铁路，大部分都是外国人不愿意干的重体力活，人们每天起早贪黑地超负荷工作，也仅仅得个温饱。不得不说，早期下南洋的华人身上那种坚韧的品质值得敬佩，既承受着繁重的体力劳动，又忍受着背井离乡的孤寂，他们的奋斗史充满了血与泪。但他们及其后人在自身努力奋斗的同时，也抓住了时代机遇，最终聚集了大量的财富。很多华人对东南亚的经济产生了巨大影响，改变了所在国落后的状况，也彻底改变了自己与家族的命运。

湖广填四川　是指发生在清朝的一次大规模的移民。据《四川通志》载："蜀自汉唐以来，生齿颇繁，烟火相望。及明末兵燹（xiǎn）之后，丁口稀若晨星。"据康熙二十四年（1685 年）人口统计，经历过大规模战事的四川省仅剩九万余人。因此，从中央到地方各级官府采取了一系列措施吸引外地移民，其中以湖广行省人口最多，客家移民是仅次于湖广人的第二大移民团体。移民历经千辛万苦进入秦巴山地，大致是由东至西，先自平原，再进深山。至乾隆年间，移民基本上填充了汉水谷地和秦巴山地的老林地区，陕南的移民潮流大致在道光年间进入尾声。这次移民活动给四川带来了不同地域的文化和生活方式，为其注入了新鲜血液，这些外省移民还成为多数四川人的先祖。

名山何其多，佛道别搞错

中国散落着诸多名山，大多与佛、道二教有关，是一笔珍贵的历史文化遗产。这些名山被寺庙和洞天福地所占据，动辄易主。但不管怎么争，山还是那座山，岿然不动。当然，现在的名山大都佛中有道、道中有佛，互相对立又互相敬畏。道教和佛教在我国经历一千多年的发展后，虽有本土和外来教派之说，但都形成了自己独有的图腾，山岳就是其中最有代表性的表现。

先说四大佛教名山。佛教传入中国后，菩萨信仰日益鼎盛，人们挑选了影响力较大的四尊菩萨，又为每位菩萨挑选了一个"大本营"，这也是四大佛教名山的由来。它们分别是山西的五台山、浙江的普陀山、四川的峨眉山和安徽的九华山。

五台山是我国四大佛教名山之首，即文殊菩萨的道场。山上气候多寒，自然风光、历史文物、古建艺术、佛教文化、民俗风情、避暑休养融为一体。普陀山是观音菩萨道场，素有"海天佛国""南海圣境"之称。此山四面环海，风光旖旎，幽幻独特，被誉为"第一人间清净地"。峨眉山是普贤菩萨的道场，古雅神奇，巍峨媚丽。其山脉绵亘曲折、千岩万壑、奇秀清雅，有"峨眉天下秀"之美称。九华山是地藏菩萨的道场，寺宇林立，香烟缭绕，是善男信女朝拜的圣地。此山气候宜人、风光秀丽，以"香火甲天下""东南第一山"的双重桂冠而闻名内外。

再聊聊道教四大名山。它们分别是湖北丹江口的武当山、江西的龙虎山、四川都江堰的青城山与安徽的齐云山。

武当山位于湖北丹江口市，既是道教名山，又是武当拳的发祥地，至明代，此山的道教逐渐形成规模，随后走向辉煌的顶峰。龙虎山位于江西鹰潭，东汉中期，是道教发祥地和道教创始人张道陵天师的世居之地，号称"中国道家第一山"。"尊道""龙虎""正一"是龙虎山道教文化三个重要概念，承载了我国道教尊道贵生、冲和为德、正心求真的文化精神。青城山位于都江堰市，道教发祥地之一，是道教主流教派全真道圣地。齐云山位于安徽省徽州市，亦是全真道圣地，早在唐代就建寺、宋代建佑圣真武祠，成为道教中心，素有"天下无双胜境，江南第一名山"之誉。

佛教传入中国后，吸收了中国的传统文化，进而成为我国文化的重要组成部分。道教是中国固有的一种宗教，距今已有1800余年的历史，深深扎根于中华沃土之中，具有鲜明的中国特色。

中国名山何其多，雄、奇、灵、秀，各具特色。纵使不停跋涉，穷尽一生，能抵达的也只是极少数。佛道名山、诗山神山、各省俊秀……这些"仙山"遍布九州，构成了一幅美丽的山川画卷。它们的魅力大有不同，也因壮丽风景和佛道文化的加持，始终吸引着无数海内外游客前来采风。那么，你都到过哪些山呢？

李白望过的庐山瀑布还好吗

日照香炉生紫烟，遥看瀑布挂前川。

飞流直下三千尺，疑是银河落九天。

李白的《望庐山瀑布》，将这一人间奇景描摹得无与伦比：一座顶天立地的"香炉"，冉冉升起的团团白烟，缥缈于青山蓝天之间，在红日的照射下化成一片紫色的云霞。巍巍香炉峰藏在云烟雾霭之中，遥望瀑布如从云端飞流直下，像是一条银河从天而降。这极具想象力的文字，让人阅后犹如身临其境，难免会好奇，这到底是怎样的一条瀑布？究竟有多美？现在怎么样了？

不得不说，庐山瀑布的雾堪称一绝！瀑布水流汹涌，呼啸奔腾着倾斜而下，形成一座巨大的水幕。水幕打在瀑布底部的岩石上，发出沉重的轰鸣声，溅起阵阵水花，水汽慢慢升向天空，形成团团水雾，似云似烟。雾来时，风起浪涌；雾去时，飘飘忽忽。等到雾浓之际，又别有一番风韵。远看，白云仿佛翩翩起舞的蝴蝶；近看，云雾像一袭白袍，包围着层层山峦。浓雾把一座座山峰淹没，只露出一个个山尖，若隐若现、千变万化，宛如人间仙境。站在山间目之所及，万物都显得瑰丽神秘。

庐山的瀑布群主要有三叠泉瀑布、石门涧瀑布、黄龙潭和乌龙潭瀑布、开先瀑布、王家坡双瀑和玉帘泉瀑布等。

三叠泉瀑布飞流直下，气贯斗牛，高达90米的落差让人慨叹大自然的鬼斧神工。岁月明晰了李白"疑是银河落九天"的疑问，依稀可见过去的辉煌。三叠泉是庐山东线的终点，正如王安石在《游褒禅山记》中所言，"而世之奇伟、瑰怪，非常之观，常在于险远，而人之所罕至焉，故非有志者不能至也"。一路上雾气氤氲，仙气弥散，行至其间顿感缥缈洒脱，偶尔感慨人生孤寂，徒增伤悲。虽不见水流容貌，却依稀可辨方向。三叠泉抛竹溅玉，声如雷鸣，令人叹为观止。

石门涧被称为"庐山第一景"，不少出彩的山水诗，就诞生于此。如谢灵运的"长林罗户穴，积石拥基阶。连岩觉路塞，密竹使径迷"、慧远的"驰步乘长岩，不觉质自轻"、白居易的"云覆莓苔封，苍然无处觅"等。这里有石有水，石缝中出现一条条瀑布，唱着激昂的歌曲飞流直下。瀑布旁的大石头上刻着"喷雪奔雷"四个苍劲有力的大字，加之山间涓涓细流，山上袖珍凉亭，让人深刻体会到李白所写诗词的意境。

乌龙潭位于庐山东谷山冲底头，两山夹峙。中为一线幽涧，树木交翠，绿荫掩映。它原由三个大小不一的潭渊组成，古书中载："乌龙潭凡三潭，中、上两潭皆高数十百丈，下潭稍平夷。"至今，只见一潭。潭上平列着一排一丈多高的巨岩，杂乱无章地形成瀑床，潭水分五股从巨石隙缝中飞扬而下，短而有力，像一把银锻的竖琴，在日夜拨动着琴弦。水流跌落水中，发出婉转悠扬的乐音。潭水清澈透明，惹人喜爱。观此瀑布，不禁让人有感"山不在高，有仙则名；水不在深，有龙则灵"的意境。

庐山，这座有着数千年悠久历史的文化名山，其绝美风光不言而喻，与中华民族精神和文化生活紧密地融合在一起，蕴含出无比丰富的内涵。奇秀苍润的山体，飞流湍泻的瀑布，扑朔迷离的云雾，千百年来，激活了多少人的审美愉悦！庐山的山水之美，既是人类历史赋予的美学载体，又是滋养、荟萃文化的载体。

很想告诉李白，他曾望过的这座神瀑瑰玮依旧，非常好！那么李诗仙，你也好吗？

赤壁真是被火烧红的吗

　　赤壁之战是《三国演义》中的经典段落，苏东坡的《赤壁赋》亦是文学史上的经典篇章。既然讲到赤壁，我们不妨来追问几个问题。

　　其一，赤壁到底在哪儿？

　　赤壁市地处湖北省东南部，长江中游的南岸，为幕阜低山丘陵与江汉平原的接触地带。

　　湖北赤壁古战场位于湘鄂边界的赤壁市西北方向38公里处。东汉建安十三年（208年），东吴都督周瑜曾在此用火攻之计大破八十万曹军，从而奠定了魏、蜀、吴三国鼎立的局面。一场惊涛拍岸的赤壁之战，留下了数之不尽的三国遗迹，使得此处成了我国古代著名战役中唯一尚存原貌的古战场，亦即国家重点文物保护单位。

　　其二，赤壁古战场到底什么样？留有什么著名诗文？

　　湖北赤壁旅游区由赤壁山、南屏山、金鸾山三山组成，主要景观有赤壁摩崖石刻。在赤壁山临江悬崖上，有石刻"赤壁"二字，各长150厘米、宽104厘米。据说当时孙刘联军火烧曹军战船，江面一片火海，把江边崖壁映得通红。周瑜率兵大败曹军后，把酒庆功，酒酣之余，提剑在崖壁上刻下"赤壁"二字，因是巨手"神笔"，力盖千钧，字迹竟透过石崖到了山后，映出了繁体的"赤壁"二字。其实，此二字为唐人所题刻，虽经千年风雨的侵蚀，惊涛骇浪的拍击，字迹至今清晰完整。二字之上有唐代道人吕洞宾刻"鸾"字形符号。两侧刻有游人诗赋，其下有明初王奉《过赤壁偶成绝句二首》，诗曰："赤壁横岸瞰大江，周瑜于此破曹郎。天公已定三分势，可叹奸雄不自量。孟德雄心实啖吴，皇天未肯遂其图。水军八十万东下，赤壁山前一火无。"

李白在游览赤壁时，还写下了"二龙争战决雌雄，赤壁楼船扫地空。烈火张天照云海，周瑜于此破曹公"的著名诗句，也是给赤壁打了活广告。

其三，赤壁到底因何得名？

当然不是因为赤壁之战被烧红了山，才得此名。"赤壁"之名，与我国的传统文化有关。

相传汉高祖刘邦是赤帝之子下凡，他斩蛇起义定下汉朝四百年基业，虽是沿袭秦制，却在地名命名上自有一套逻辑，就是以阴阳五行、二十八宿定方位命名。其中，以赤色为上乘。

汉高祖六年（前201年），沙羡县县令梅赤在调查辖内山川河流时，发现许多无名之地，于是就按朝廷旨意命名了一批地名。当时，朝廷以阴阳五行之金、木、水、火、土加以扩大推演，以天人相应，将星空与地面配合，将二十八宿对准地面九州，各有所指，分出星野 ①。

按星野，沙羡当属东南朱雀的翼、轸之间。那么一个小方城内，如何以五行、星宿命名呢？梅县令于是拜访了陆水南岸修持百年的老道长骆文聪，据说他上知天文，下穷地理。道长摆开罗盘、八卦，推演一番后，描了地形，标注了名号，中央一山属金，名曰"金紫山"，五行以金为首。北乃玄武之象，取其壁，"玄武之壁也"，取地名为"赤壁"。

汉高祖崇尚赤色，除赤壁外，骆道长又取了几个带"赤"字的地名，如赤博林、赤博林湖、赤冈畈、赤马港等。就这样，"赤壁"一名载入史册，仅《三国志》一书就有 50 多处提到它，在后代史籍、方志中更是屡屡出现。

---

① 在明清地方志中，不少皆设有《星野》篇目，且占据显著位置。无论其内容翔实抑或粗疏，透过地方志近乎陈陈相因之"星野"叙述，皆可窥见当时知识、观念与信仰之变迁轨迹。"星野"者，即"分野"也。

"数字中国"真神奇

中国的数字文化可谓源远流长，关于数字的典故也常被运用在文学作品中，比如"飞流直下三千尺，疑是银河落九天""烽火连三月，家书抵万金"。不难看出，在古诗词中数字"三"通常不是实际意义上的三，而是作为一个约数，意指多不胜数。就连三的倍数九，在传统文化中也被冠以"多"和"尊"的含义，这一点从与"九"有关的成语中也能看出，比如九牛一毛、九五之尊、九死一生等。

除有特殊意义的数字外，古代文人还创造了颇富意趣的数字诗，其中最为有名的当属清代诗人郑板桥的《咏雪》：

> 一片两片三四片，五六七八九十片。
> 千片万片无数片，飞入梅花都不见。

全诗几乎都是用数字堆砌起来的，从一至十，再至无数，却没有丝毫累赘之嫌，读之使人宛若置身于纷飞的雪片与漫天的梅香中。与之意趣雷同的还有北宋哲学家邵雍的《山村咏怀》：

> 一去二三里，烟村四五家。
>
> 亭台六七座，八九十枝花。

数字不仅是中国古代实用科学的基石，更被赋予了一层特殊的文化色彩。中华大地的地理位置优越、海陆兼备、地大物博，因此与地理文化相关的数字典故尤其多。《山海经》中载："地之所载，六合之间，四海之内，照之以日月，经之以星辰，纪之以四时。"下面，我们就一起来了解一下"数字中国"。

三山 前文已提过，即蓬莱、方丈和瀛洲，常出现在诗词、小说与戏曲中。白居易在《西湖晚归回望孤山寺赠诸客》一诗中写道："到岸请君回首望，蓬莱宫在海中央。"将西湖附近的孤山寺比喻为海上的蓬莱仙宫，道出了山水一色的美景与诗人平静入定的心态。

四海 因古人以为我国疆土四周环海，故称中国为"海内"，外国为"海外"，"四海"则指天下。贾谊的《过秦论》中有这样一句："有席卷天下，包举宇内，囊括四海之意，并吞八荒之心。"以古喻今，劝谏汉文帝。

五湖 前文介绍过，是洞庭湖、鄱阳湖、太湖、巢湖和洪泽湖的合称。春秋末期的越国大夫范蠡，辅佐越王勾践灭吴后，功成身退，乘轻舟隐于五湖。因此，五湖又引申为隐遁之所。李白的《书情题蔡舍人雄》一诗，云："我纵五湖棹，烟涛恣崩奔。"写出了远离朝廷、浪迹五湖的志向。

六合 这是一个空间概念，指上、下、东、南、西、北，泛指天下或宇宙。六合还是一个哲学概念，指宇宙间万物的联系与关系，体现了古人对于科学与哲学的探索，对于时空与维度的思考。古人没有科技支持，也没有工业制造，依靠严谨的想象与推理来揣摩宇宙，却得出了影响深远的思想成果。

八荒　作为六合的补充，是指东、西、南、北、东南、东北、西南、西北八面方向。与六合稍有不同的是，八荒更侧重地理意义上的方向，以及八面方向上延伸出的荒原之地。八荒的概念出自《山海经》，上古时期，人们的生活区域较为集中，对于地理的探索也较为有限，所以将更远的尚未到达的区域称为"荒原"。梁启超在《少年中国说》中写道："纵有千古，横有八荒。"八荒还常与四海连用，代指天下。杜甫诗云："阑风长雨秋纷纷，四海八荒同一云。"

九州　相传大禹治水时，把天下分为九州，九州就成了天下的代名词，不同时期对于九州范围的划分也有所不同。实际上，"九州"一词最早出现于先秦时期的典籍《尚书》中，具体划分为冀州、兖州、青州、徐州、扬州、荆州、豫州、梁州和雍州。陆游在《示儿》一诗中写道："死去元知万事空，但悲不见九州同。"表达了诗人临终时复杂的思想情绪以及深重热烈的情怀，读来教人不免泪眼婆娑。

贰

以
习 常
为

为什么是它们入选十二生肖

老鼠前面走，黄牛跟着走。老虎吼一吼，兔子抖三抖。龙在天上游，蛇在地上扭。小马跳山沟，遇见老羊头。猴子翻跟头，金鸡喊加油。黄狗看门口，懒猪睡不够！

这是一首有关生肖的儿歌。

生肖，即十二生肖，包括鼠、牛、虎、兔、龙、蛇、马、羊、猴、鸡、狗、猪。它们是十二地支的形象化代表，即子（鼠）、丑（牛）、寅（虎）、卯（兔）、辰（龙）、巳（蛇）、午（马）、未（羊）、申（猴）、酉（鸡）、戌（狗）、亥（猪），是中国传统文化中比较重要的组成部分。

干支纪时是我国古代官方的纪时系统，用以纪年、纪月、纪日和纪时辰，流传至今。十二地支各代表一年中的一个月或一天中的一个时辰，比较复杂，不易记忆，于是古代劳动人民就用喜闻乐见的方法使干支纪时更形象、更便于记忆，即用十二种动物来对应十二地支，以便用动物之名来标定、记忆时间，慢慢就形成了如今的十二生肖，也叫十二属相。那么，为什么是这些动物入选十二生肖呢？

据说，夜间 11 点至次日凌晨 1 点，属子时，正是老鼠趁夜深人静，频繁活动之时，称"子鼠"。凌晨 1 点至 3 点，属丑时。牛习惯夜间吃草，农家常在深夜起来挑灯喂牛，称"丑牛"。凌晨 3 点至 5 点，属寅时。此时昼伏夜行的老虎最凶猛，古人常会在此时听到虎啸，称"寅虎"。清晨 5 点至 7 点，属卯时。天刚亮，兔子出窝，喜欢吃带有晨露的青草，称"卯兔"。早晨 7 点至 9 点，属辰时，容易起雾，龙喜腾云驾雾，又值旭日东升，蒸蒸日上，称"辰龙"。上午 9 点至 11 点，属巳时。大雾散去，艳阳高照，蛇类出洞觅食，称"巳蛇"。中午 11 点至午后 1 点，属午时。古时，野马未被人类驯服，每当午时，四处奔跑嘶鸣，称"午马"。午后 1 点至 3 点，属未时。有的地方管此时叫"羊出坡"，即放羊的好时候，称"未羊"。下午 3 点至 5 点，属申时。太阳偏西，猴子喜在此时啼叫，称"申猴"。下午 5 点至 7 点，属酉时。太阳落山，鸡在窝前打转，称"酉鸡"。傍晚 7 点至 9 点，属戌时。人劳碌一天，闩门准备休息，狗卧门前守护，一有动静就汪汪大叫，称"戌狗"。夜间 9 点至 11 点，属亥时。夜深人静，能听见猪拱槽的声音，称"亥猪"。该说法被称为"动物习性说"，使用最为广泛，相对确切。

关于十二生肖的顺序，还有一个有趣的童话故事。玉皇大帝想用十二种动物来做年份的名字，便决定在自己生日这天，举行一次动物渡河比赛，最先到达终点的十二个动物可入选十二生肖。

猫和老鼠本是一对很好的朋友，猫托老鼠报名，结果老鼠忘了，从此猫见老鼠就寻仇。原本老牛是第一，结果老鼠偷偷爬上牛背，抢占先机，于是老鼠第一、老牛第二、老虎第三。兔子踏在别的动物身上跳过了河，是第四名。大龙到东边降了一场雨才赶来，耽误了时间，是第五名。草丛里窜出一条大蛇，也来参加比赛，是第六名。马是第七名。不久，老山羊、猴子和大公鸡一起到了。原来，它们在河边捡到一块木头，坐在上面，是合作渡河的，分别是第八名、第九名和第十名。之后，狗也来了，其实它早就到了，因为贪玩在河里洗澡，只得了第十一名。小猪看到大家都来了，好奇这里是不是有好吃的东西，也跟着来凑热闹，结果误打误撞拿到了第十二名。

十二生肖的排序说法有很多，至今没有定论。除了上述动物习性说、民间故事之外，还有五行阴阳说、图腾说、动物崇拜说、星宿说等。总之，一岁一个瑞兽是每个中国人来到这个世界收到的第一份礼物。它属于每个中华儿女无法选择、更替的终身标记和烙印，是维系民族情感和文化的纽带，拥有十二生肖也就代表无论身在地球的哪个角落，我们都同属于中华民族。

为生活提供无限意趣的"节气歌"

春雨惊春清谷天，夏满芒夏暑相连，
秋处露秋寒霜降，冬雪雪冬小大寒。

这首著名的节气歌，短短二十八个字，不仅记载了寒来暑往，还体现了一年气温升降、降水丰寡的情况。涵盖了立春、雨水、惊蛰、春分、清明、谷雨、立夏、小满、芒种、夏至、小暑、大暑、立秋、处暑、白露、秋分、寒露、霜降、立冬、小雪、大雪、冬至、小寒和大寒，共计二十四个节气。

二十四节气起源于黄河流域，人们最初可以大致确定春分、夏至、秋分、冬至的节点，之后又不断改进和完善，至秦汉年间，二十四节气完全确立。它是以黄河流域（中原地区）的气候、物候为依据建立起来的，人们根据月初、月中的日月运行位置，动植物生长等自然现象及它们之间的关系，把一年平均分成二十四等份，为每一等份都取了个专有名称。时至今日，它仍是国人与自然之间漫长农耕关系的延续，传承意义深远而厚重，具有不可磨灭的文化价值。

二十四节气中，春分、秋分昼夜平分，气候适中。夏至、冬至预示着炎夏和寒冬的到来。俗话"热在三伏，冷在三九"中的"伏"和"九"，就是在夏至后开始数"伏"、冬至后开始数"九"。立春、立夏、立秋、立冬这"四立"中的"立"，都是开始的意思，这段时间是农事活动前必要的准备时间。雨水预示着雪季过去，开始降水。惊蛰中的"蛰"是"藏"的意思，而"惊"则表示此时大地回暖到一定程度，土壤已解冻，可以开始春耕了。清明时，天气转暖，草木新绿。谷雨之际，降水明显增加，雨水促使农作物生长发育。小满，草木还很茂盛，谷物开始饱满，但仍不成熟。芒种是大麦、小麦等农作物的成熟季，也是一年中农事最繁忙的时节。大暑、小暑是一年当中最热的时段，同时也进入汛期了。处暑是天气由热变凉的明显转折点。白露时，夜间气温已达到形成白露的条件。寒露是秋收作物最后的成熟期。霜降之际，天气渐冷，开始结霜。小雪、大雪顾名思义，降雪开始了。小寒、大寒则是一年中最冷的时节。

不过，二十四节气毕竟只是为农事而作，随着气候的明显变化，以及社会工业化的发展、科学技术的进步，这一说法的参考意义大大淡化。但从民族文化的根性角度而言，工业文明并非我们的情感来源和身份标示，当人们需要重新审视和调整自身与自然的关系时，农业文明传统体系中所包含的生活细节和审美情感仍能唤起我们的回忆。二十四节气蕴含着与人体生命科学及日常生活息息相关的文化内涵，能够提醒人类尊重自然、亲近自然。清明的踏青、扫墓，立夏的称人、尝新，冬至的消寒、团聚与祭祀，传统习俗在当下的沿袭与更新，都在提醒着人们在繁忙工作之余，应进行适当的舒缓与休憩，适时地关注家人、朋友以及更为宽广的生活圈子。顺应节气调理日常生活和饮食，可起到保健养生之效，立春吃春饼（咬春），冬至吃饺子，"头伏饺子二伏面，三伏烙饼加鸡蛋"，来自传统的节律与时序为当下的生活提供了无穷的意趣与灵感。

总之，二十四节气是中华民族历史源远流长的重要组成部分，富有深厚的文化内涵和积淀，是天人合一思想的重要体现。如今，二十四节气已被正式列入联合国教科文组织人类非物质文化遗产名录。作为中国特有的时间知识体系，它深刻影响着我们的思维方式和行为准则，是中华民族文化认同的重要载体，也是我们生活方式的一种依托，需铭记于心。

春节、中秋节傻傻分不清，哪个才是团圆节

在众多传统节日里，最受国人喜爱、节日气氛最浓郁的当属春节和中秋节了。春节喜庆隆重，一年到头在外工作的人们总要归家相聚，热热闹闹地吃一顿年夜饭。中秋时分，秋意浓浓，清风习习，圆月当空，家人闲坐，灯火可亲。如今，无论是春节还是中秋节都会形成一股"探家潮"，还被戏称为"地球上最大规模的人口迁徙活动"。即便在交通工具与通信方式飞速发展的21世纪，已经可以用视频、语音等方式随时联络远在一方的家人，但春节与中秋节的"团圆"主题却不见半点儿淡化，如同深深烙印在每个国人血脉中的文化符号。

爆竹声中一岁除，春风送暖入屠苏。

千门万户曈曈日，总把新桃换旧符。

这首宋代诗人王安石所作的《元日》可谓家喻户晓，提到春节，人们第一时间想到的总是这首诗。彼时，王安石上书主张变法，时值春节，到处焕然一新，联想到变法伊始的新气象，诗人有感而发创作了此诗。

春节就是中国的农历新年，俗称新春、新岁等，由上古时代岁首祈岁祭祀演变而来。传说每到岁末总有一只名为"年"的妖兽现身人间，为非作歹。渐渐地，人们知晓年惧怕剧烈的声响和扎眼的红色，于是想了各种办法对抗它，像是放鞭炮、贴春联等，最终成功将年赶跑，顺利开始新生活。所以，民间多把春节称为"过年"。春节期间，全国各地都会举行各种庆贺新春的活动。这些活动以除旧布新、拜神祭祖、纳福祈年为主要内容，形式丰富多彩，凝聚着中华传统文化的精华。

对于这个承上启下的节日而言，最重要的含义就是辞旧迎新，辞去上一年的疲惫，迎来新一年的好运。无论贫富，春节总能让我们疲惫不堪的精神在满目暖红中得以放松，让我们脆弱的内心在鞭炮轰鸣中获得抚慰。终而复始，万象更新，春节象征着旧的结束与新的开始，给予我们无限的力量和安宁。

较之热血舞者一般的春节，中秋节更像是一位淡然睿智的诗人，望月怀远，执笔作诗。而与中秋节相关的诗词总离不开"团圆"二字，更少不了思念之味。苏轼望月叹息："但愿人长久，千里共婵娟。"张九龄对月吟诵："海上生明月，天涯共此时。"

农历八月十五是中秋节，也被认为是一年中月亮最圆的一天。关于中秋节的传说有很多，嫦娥奔月、吴刚伐桂、玉兔捣药……这些都源自古人遥望圆月时的浪漫幻想。"中秋"一词最早见于《周礼》。根据我国古代历法，农历八月十五日处于秋季中旬，故称"中秋"。一年有四季，每季又分孟、仲、季三部分，秋中第二月叫"仲秋"，因此中秋节也叫"仲秋节"。唐朝初年，中秋节成为固定节日，人们仰望月亮，思念亲人，抒发着对于月圆人圆的美好向往，由此中秋节也被称为"团圆节"。中秋节的盛行始于宋朝，明清时已与元旦齐名，成为我国主要的节日之一。

春节与中秋节一直是海内外华人心目中最重要的两大传统节日，可谓大俗与大雅交相辉映。春节如一盏红灯笼，在众人的笑闹声中被托举着挂在家门口，熊熊烛火透过大红色的绸布映红了每一张脸，烘暖了每一颗心。中秋节则更像一首诗，明月与秋思绵延成了中秋的雅，哀而不伤，思念过后留下的是平静和悠然，即便肃杀的秋风也吹不透。

若认真论起节日的起源与典故，那么中秋节定是当之无愧的团圆节。而对于平日忙于工作学习、远离家乡、疏于问候的人们而言，最难得的就是与家人团聚的机会，因此，春节的团圆意味也越来越重。这两个因时间差别而衍生出迥然意境的节日，都成了团圆之节、回家之节，让人们在忙碌生活的间隙得以停下来与家人小聚，在互相宽慰、互诉思念中，获得继续前行的勇气。

"过年"过的是什么

前文说了王安石的《元日》描写了古代迎接新年的景象，一派欢天喜地。爆竹声送走旧的一年，饮着醇美的屠苏酒感受到了春天的气息。初升的太阳照耀着千家万户，家家门上的桃符都换成新的了。诗词中也提及了三个春节风俗：点燃爆竹、饮屠苏酒、换新桃符。"桃符"就是现在的春联，是与"爆竹"一起延续至今的习俗。

所谓"过年"，过的就是团圆。一年很难有这么一次团聚的机会，因此每年春节的团聚都是令人开心、难忘和值得珍藏的。

二十三，糖瓜粘；二十四，扫房子；二十五，磨豆腐；二十六，去割肉；二十七，宰年鸡；二十八，把面发；二十九，蒸馒头；三十晚上熬一宿，大年初一扭一扭，除夕的饺子年年有。

这也是一首非常有趣的民谣，朗朗上口，将民间在腊月二十三到大年初一的主要风俗全部风趣地描画出来。过年前，人们都要购置年货、接风扫尘。如今买个东西易如反掌，但购置年货还是别有意味，毕竟新年新气象嘛；接风扫尘也让家庭团聚更具仪式感，强化了血缘亲情的凝聚力。

这里着重说一下年夜饭吧！这顿饭不同于之前吃过的每一顿饭菜，意义非凡。平时，大家各有各忙，鲜少有欢聚的时刻，而年夜饭则让人们的心都归拢到"回家"的信念上。此时，无论置身何处，人人都要回家。之前购置的年货也包括年夜饭的食材。牛羊鱼蟹、鲜蔬果品、爆熘煎炸、焖烩焗扒，中餐最精妙的烹饪手法和最精华的食材原料，都会在这顿年夜饭上大放异彩。这一餐堪称满汉全席，无比丰盛，一家人欢天喜地，暂且忘记工作和生活上的繁忙与劳累，短暂享受这一场美好盛宴。其实，过年吃年夜饭，吃的不是饭，而是品味团聚的味道、家的味道。

提到年夜饭，就不得不说一下"守岁"。守岁一般是在吃完年夜饭、看完春晚时进行，也称"熬年"，意思就是全家通宵熬夜迎候新年，据说这样可以赶走霉运，迎来好运，具有浓重的仪式感，也表达了人们对新年的美好愿景。

此外，过年也自带一种喜庆祥和的气氛，仪式感满满。其中最有趣的环节莫过于贴春联、倒"福"了。每副春联都会用各种各样的吉祥话寄托人们对幸福生活的向往。每当春节将至，家家户户都会在大门两侧贴上崭新的春联，红底黑字，稳重却醒目。当然，不同人家选择的春联内容也不同，体现了不同的家风。倒"福"也是如此，就是将"福"字写在红纸上，倒过来贴，看着是"福倒了"，也是"福到了"——真的是寓意深刻的谐音呢！

过年的喜庆自然要和亲朋好友分享，这便是走亲访友拜大年。

拜年既是辞旧迎新的仪式，也是对长辈师长及亲朋好友表示问候和尊敬。人们在拜年中相互问候，增进感情。岁月易逝，拜年也是在提醒人们要珍惜光阴，珍惜那些你爱的和爱你的人，并且在新的一年继续努力，成就自己。

过年过年，人们过的是团圆、喜庆与期待。它承载着中华民族的情感，是生命中不可或缺的一部分。年，是一个人的记忆、期盼，也是一个人新的开始和对未来的希望，令人期待且珍惜。

门神的变迁

每个人心里都蕴含着对美好生活的憧憬，寄托着安居乐业、平安美满、大吉大利、财源广进的愿望。因此就有了贴门神像的民间习俗。

顾名思义，门神即守卫门户的神仙。对门神的信奉由来已久。起初，人们用桃木雕刻出两个小人，放在家中或门前，希望借此辟邪驱鬼。唐代，出现了新的门神——钟馗（kuí）。钟馗是专门捉鬼的神将，总是一副威风凛凛、刚直不阿的样子。

后来，门神从一位变成一双，他们就是唐代大名鼎鼎的将军——秦琼和尉迟恭。将军怎么做了门神呢？相传，唐太宗有段时间总能在夜间听到宫门外有恶鬼哭叫的声音，每晚都睡不安稳。一天，他终于忍不住和臣子们谈起此事。秦琼当即说道："臣领兵打仗，什么场面都不曾畏惧，何况这些鬼怪！今晚我就和尉迟恭一起在宫门外站岗，看哪个小鬼敢来捣乱！"当晚，秦琼和尉迟恭全副武装、披甲带刀在唐太宗的寝宫门外站了一夜，太宗果然一夜安睡，高兴地奖赏了两位将军。后来，太宗觉得若每晚都让二人站岗，未免太过辛苦，就让画工把他俩手持刀剑、怒目而

视的样子画了下来，贴在宫门口。从此，再也没有鬼怪敢在宫内
作祟了。

直到现在，人们都习惯在过年时贴上这对门神的画像，希望
二位能在未来的一年保护一家老小的平安。千百年来，威风凛凛
的两位将军守卫着千家万户的大门，日夜不休。

从"寒食"到"清明"

清明时节雨纷纷，路上行人欲断魂。

借问酒家何处有？牧童遥指杏花村。

唐代诗人杜牧挥就的这首《清明》，是否也令你感到过困惑呢？

诗人身陷雨丝风片之中，冒雨而行，春衫湿尽，更添愁绪。杜牧写清明时节的料峭春寒，写被绵绵细雨打湿的衣衫，写牧童，写酒家，写杏花村，在这样一场偶遇春雨的清明之行中，似乎唯独缺了最重要的祭扫活动。这是怎么回事呢？

原来，古人和今人对于清明这个节日的认知是不太一样的。作为二十四节气之一，清明是个气清景明、万物生长的时节。古时的清明节活动多是家人团聚，春游踏青，赏春景，听细雨，而祭扫原本是清明节前一天——寒食节的内容。

寒食节也叫"禁烟节"，有禁烟禁火的风俗，这一天家家皆吃冷食，由此得名"寒食"。寒食习俗早在四千多年前就产生了，《山海经》中对此也有记载。上古时期，人们为了驱除野兽，照明取暖，火塘中的火是轻易不敢熄灭的。至每年三月，还会举行熄灭旧火、重新点燃新火的仪式，以驱除旧年灾秽，除旧布新，而禁火冷食就是这一习俗的演变。

春秋时期，传说晋国忠臣介子推与晋文公重耳流亡列国，介子推曾割股肉供文公充饥。文公复国后，子推不求名利，与母亲归隐绵山。文公放火烧山，子推仍不出山，最后抱树而死。文公后悔不已，便下令于子推焚死之日禁火寒食，以寄哀思，后来人们便把这一天正式定为寒食节。

此外，农历三月还有一个更古老的节日，就是上巳节。这个名字对于今人而言或许已经有些生疏了，但《论语》中所谓"暮春者，春服既成，冠者五六人，童子六七人，浴乎沂，风乎舞雩，咏而归"，指的就是这个节日。王羲之在《兰亭集序》中说的"暮春之初，会于会稽山阴之兰亭，修禊事也"，也是指上巳节。春秋时期，人们会在上巳节这天来到河边沐浴，以求涤尽上一年的秽气。到了魏晋时期，人们将上巳节的沐浴习俗改为岸芷汀兰，曲水流觞，饮酒作诗，风雅至极。除沐浴外，上巳节还有一个重要的习俗，就是祭祀先人。

由于上述三个节日只相差几天，其意义与习俗也逐渐融合，后来渐渐合而为一。上巳节是最早消失的，到了唐朝就只剩下清明节和寒食节了，人们挈妻携子，提着食盒，远赴山野，祭扫先人。祭拜仪式完成后，刚好可以游览青山绿水，顺便再将祭祀所用的糕点吃掉。再后来，寒食节也渐渐消失，祭扫与踏青的习俗便全部落在了清明节这一天。

浪漫七夕，乞巧乞的什么巧

"纤云弄巧，飞星传恨，银汉迢迢暗度。金风玉露一相逢，便胜却人间无数。"这是一首歌咏七夕的节序词，词人秦观借牛郎织女的故事表达了诚挚的情谊。词中明写天上双星，暗写人间真情，读来余味婉转，感人至深。

七夕节是中国民间的传统节日，因为牛郎织女的传说，而被认为是中国最具浪漫色彩的传统节日，今天更是被赋予了"中式情人节"的文化色彩。其实，七夕节又称"乞巧节""女儿节"，古时，它是女孩子们专属的节日。七夕节的出现比牛郎织女的传说更早，由星宿崇拜演化而来，起源于上古时期，普及于西汉，鼎盛于宋代。

东晋的葛洪在《西京杂记》中写道："汉彩女常以七月七日穿七孔针于开襟楼，人俱习之。"这是最早出现的关于乞巧的记载。唐宋诗词中，少女乞巧的习俗也被屡屡提及，唐诗云："阑珊星斗缀珠光，七夕宫娥乞巧忙。"说的正是唐太宗与妃子每逢七夕都在清宫设宴，而宫女们趁着星光各自乞巧的佳节情景。

到了宋代，乞巧更是在民间盛行起来。每逢农历七月七日，月色轻柔地拂过檐角，织女星缓缓亮于夜幕，穿着新衣的少女们嬉笑着来到庭院，向织女祈求智慧、灵巧和幸福。传说，天帝的第七个女儿织女是天宫中的织布仙子，貌美无双，心灵手巧。于是人间的姑娘都把她当作"少女偶像"，希望能像她一样拥有一双巧手，得遇一位良人。

说是"乞巧"，其实也是"斗巧"。姑娘们聚在一起，会举行各种有趣的闺中活动，像是穿针引线验巧，做荷包香囊赛巧，准备瓜果糕点乞巧。这些别具特色的活动既是女孩子之间无伤大雅的小比试，也是闺中密友难得聚在一起的好机会。

乞巧节盛行于宋代，也得益于当时经济与文化的飞速发展。彼时，汴京城中还设有专卖乞巧物品的市场，被称为"乞巧市"。宋罗烨、金盈之辑《醉翁谈录》说："七夕，潘楼前买卖乞巧物。自七月一日，车马嗔咽，至七夕前三日，车马不通行，相次壅遏（yōng è），不复得出，至夜方散。"从街市买卖乞巧物的盛况，便可推知当时乞巧节的热闹景象。各家从七月初一就开始置办乞巧物品，乞巧市上车如流水马如龙，人潮如织往来不休。

唐宋时期，人们对于乞巧节的重视程度不输春节和元宵节。因此，该时期流传下来的关于乞巧节的诗词也格外多。杜牧的"天阶夜色凉如水，坐看牵牛织女星"，写出了乞巧节的观星习俗；林杰的"家家乞巧望秋月，穿尽红丝几万条"，提到了乞巧节穿针引线的习俗。除观星、穿针等常规乞巧方式外，不同地区还有独具特色的乞巧活动。在湖南、江浙一带的地方志中记载了少女采柏叶桃枝煎汤沐发的乞巧活动，而在四川、贵州等地，至今保留着在乞巧节用花草染指甲的习俗。

　　总的来说，七夕虽然是牛郎织女于鹊桥相会的日子，但这一天并非情人节，而是名副其实的女儿节，七夕乞巧的传统则更多地体现了我国古代女子对于勤劳、灵巧等优秀品质的自我追求。少女们相聚庭院，拜月观星，尽情展示着灵巧的手艺。月华倾如水，流萤断续光，纤纤手指上穿下挑，一根根丝线便穿过了银针，无忧无虑的欢笑声在静谧的庭院中荡漾开来。这不也是另一种浪漫可爱吗？

挂在门上的艾草和插在头上的茱萸

适逢一些节日或节气，中国人都有在房门上悬挂植物或在身上佩戴香草、香囊之类的习俗。民谚中的"清明插柳，端午插艾"，就分别指清明节悬挂柳枝、端午节于门上插艾草的习俗。而说到另一个节日——重阳节，就不得不提起那首妇孺皆知的王维名作《九月九日忆山东兄弟》：

> 独在异乡为异客，每逢佳节倍思亲。
> 遥知兄弟登高处，遍插茱萸少一人。

诗的前两句已成千古佳句，常被引用；最后一句"遍插茱萸少一人"就提到重阳节在头上插茱萸的习俗。

那么，艾草和茱萸究竟是什么呢？为什么一个挂在门上，一个却要插在头上？二者又有什么作用和寓意呢？

端午节在门上挂艾草，一般是将几根艾草用红绳扎成一束，再悬挂在门框或门口两侧，不妨碍开关门即可，也可挂在窗户上。通常，这束艾草是不用取下的，直到风干后自然掉落。

小时候，长辈们会告诉我们：端午节挂艾草，有两种说法，一是为了纪念爱国诗人屈原，二是为了驱邪。这里的"邪"并非指封建迷信中的邪气，而是中医所说能影响身体健康的病理之气。因为进入阴历五月后，天气极热，雨水也多，这样的气候容易滋养蛇虫鼠蚁和各种病菌，进一步加重疾病传播的可能。古时，科学不发达，人们把容易生病的阴历五月称为"恶月"或"百毒月"，端午节就成了"卫生节"，家家户户都会进行大扫除，洒扫庭院，洒雄黄水，饮雄黄酒，激浊除腐，还会悬挂艾草。艾草在古时就是药用植物，针灸的灸法就是用艾草作为药引，放在穴道上进行灼烧来治病。由于艾草含有挥发性芳香油，所产生的奇特芳香可驱蚊蝇虫蚁、净化空气，遂有一定的防病作用。有人还会泡艾草浴，以达到除邪辟秽、养生保健的目的。于是，这个习俗就一直流传下来了。

再说王维诗中写到的重阳节插在头上的茱萸。常见的茱萸有吴茱萸、山茱萸两种，都是常用中药。李时珍在《本草纲目》"吴茱萸"项下引证了多种文献，并对重阳节遍插茱萸进行了考证。吴茱萸气味香烈，符合中医芳香辟秽的理论。现代研究认为吴茱萸含有大量挥发油，具有杀菌、杀虫、消毒的作用。秋季是霍乱、腹泻的高发季节，而吴茱萸对于慢性腹泻具有很好的治疗作用，著名的"成药四神丸"中就含有吴茱萸，而其中的有效成分对霍乱弧菌具有较强的抑制作用。

重阳节插茱萸的风俗在唐时就已经很普遍了。人们认为在重阳节这天配茱萸可避难消灾，或佩戴于臂，或把茱萸放于香袋中携带，还有插在头上的。大多是妇孺佩戴，有些地方男子也佩戴。

关于重阳节插茱萸的习俗还有这样一个传说：汝南人桓景随费长房学道。一日，费长房对桓景说，九月初九那天，你家将有大灾，破解办法是叫家人各做一个彩色的袋子，里面装上茱萸，缠在臂上，登高山，饮菊酒。九月初九这天，桓景一家人照此而行，傍晚回家一看，果见家中的鸡犬牛羊都已死亡，全家人因外出而安然无恙。于是，茱萸辟邪的说法便流传下来。

关于茱萸的诗，除王维这首外，亦有不少佳作，如杜甫《九日蓝田崔氏庄》中云："明年此会知谁健？醉把茱萸仔细看。"唐代杨衡在《九日》中言："不堪今日望乡意，强插茱萸随众人。"宋代周必大在《送邓漕根移帅扬州》也写道："遥知九日平山会，笑插茱萸满鬓红。"

1989 年，我国把重阳节定为"老人节"。每到这日，长者们都喜欢登山秋游，结伴赏菊，古老的重阳节被赋予了新的意义与传承精神。

这些从古至今传承下来的民间习俗在我国传统文化中是必不可少的一部分，也让我们的日常生活更加丰富多彩。

这样称呼才高级

中国自古就是礼仪之邦，讲究礼仪规矩，"温、良、恭、俭、让"的道德标准也体现在语言上，人们在对话中往往会放低姿态、抬高别人，谦辞敬语也由此而生。比如"三礼"（《仪礼》《礼记》《周礼》）的出现，就标志着礼仪发展的成熟阶段，现代的一些礼仪性称呼也多由此衍生而来。我们都知道，对于一些品格高尚、智慧超群的人在表示敬称时，会称为"圣"，如称孔子为"圣人"，称孟子为"亚圣"。后来，"圣"多用于称呼帝王，如圣上、圣驾等。在民间更为常见的还有令尊、令堂、泰山……这些称谓，你都会用吗？足下、先生、阁下……又是怎么来的呢？

以上称呼被视为"尊称"，也叫"敬称"，属于敬辞、礼貌用语。我们都知道，古人在言语中讲究礼仪，所以相互之间有很多尊称。针对不同的对象，称呼可以有多种。如称呼帝王时，一般有陛下、大王、王、九重天、君、天子、万乘、圣主等称谓；对一般人，则有公、君、足下、阁下、先生、夫子、长者、台端、孺人、大人、兄台等。

具体而言，足下、先生、阁下这几个都是称呼对方的，表示对别人的尊敬。令尊是称呼对方的父亲，令堂则是称呼对方的母亲，称呼对方儿子为令郎、女儿为令媛等。说话时，以这些尊称来称呼对方或对方的家人，会让别人觉得说者修养得当、言行得体。

那么，足下、先生、令尊、阁下这些尊称都有什么典故呢？

"足下"是平辈朋友之间的敬称。相传这一称呼和春秋时期的介子推有关：晋文公在没当上君王之前，曾四处流亡，介子推对其不离不弃。晋文公做了国君之后，论功行赏，介子推却已和母亲隐居深山，不肯出来。晋文公听从大臣的建议，放火烧山，想迫使其出来，但大火熄灭后，只见介子推和母亲抱着一棵大树，已然被烧死。他感念介子推的忠心，心痛不已，于是让人砍下这棵树做成木屐，每当穿着这双木屐时，就会想起介子推来。"足下"一词就有了对珍贵的朋友怀念的意思，渐渐演变成对朋友的敬称。

"先生"一词在《论语》中是父兄的意思，后又指有德行的长辈。古时候的先生更多是指老师，因为当时老师一般为男性，后来渐渐成为对男子的尊称。当然，对于一些知识渊博的女学者，有时我们也会称为先生，如秋瑾、冰心等。

"令尊"在古典小说中经常出现。"令"有"美好"之意，用在名词或形容词前是敬辞，表示对他人亲属的尊敬；"尊"是长辈，用来称与对方有关的人或物，如"令尊"是对他人父亲的尊称。"尊上"也用来称对方的父母；"尊公""尊府"等，皆称对方父亲；"尊亲"用于称呼对方的亲戚等。

"阁下"和"足下"的意思相近，因古时一些重要的大臣家里都有藏书阁，书信往来中就有了"阁下"一词，后来平民之间也用该词表达对别人的尊敬。

另外，人们还用"贤"称呼平辈或晚辈，如贤家（称对方）、贤郎（称对方的儿子）、贤弟（称对方的弟弟）。用"仁"表示爱重，应用范围较广，如称同辈友人中长于自己的人为"仁兄"、称地位高的人为"仁公"等。还有一种常用的尊称是"先"。称谓前面加"先"，表示此人已亡故，一般用于敬称地位高的人或年长者，如"先帝""先考""先父"（都指亡亲），"先慈"（亡母），"先贤"（有才德的人）等。在称谓前加"太"或"大"，则表示辈分再高一辈，如称帝王的母亲为"太后"，称祖父为"大（太）父"，称祖母为"大（太）母"等。

今人虽已不常用这些称呼，但在一些传统文学作品中仍能见到它们的身影，如《三国演义》第三回中写道："肃与贤弟少得相见，令尊却常会来。"《红楼梦》第七回中也有言："你今日回家就禀明令尊，我回去再禀明祖母。"等等。时过境迁，我们依旧需要了解这些尊称的含义，从中体味中国作为礼仪之邦的深厚文化积淀，感悟这些不同称呼所附着的感情色彩。

母语的艺术永远不会过时。

今年贵庚啦

众所周知，"请问您贵庚"是一种尊敬地询问对方年龄的说法，多用于询问长辈的年龄，或者书面语中。对于年纪更大一些的老人，则会问"高寿"。这些语句在古代一些文人之间经常相互使用，一是为了显示自己有学问，二是作为尊重对方的一种表现。

我国古代关于年龄的表达方式多种多样，从婴儿到青年，从中年到老年，对不同年龄段有不同的称呼。古人对于年纪一般不用数字表示，不会直接说出具体岁数，而是在不同年龄阶段使用不同的称谓。

人这一辈子，每个年龄阶段都是十分重要的，也是具有纪念意义的，所以古人就根据不同年龄段表现出来的特征，为其赋予了不同的称谓。这些称谓更形象、更诗意地表现了人们在该年龄段的特点。

我们熟知的就有"三十而立""四十不惑""七十古来稀"等常见说法，还有如"襁褓""总角""弱冠""花信""花甲""耄耋"……这些称谓都含蓄而富有美感，动听又不失韵味。下面挑几个有趣的讲讲。

"垂髫（tiáo）"，是指三四岁至七岁（女）、八岁（男）的儿童，"髫"指古代儿童额前垂下的短发。陶渊明在《桃花源记》中有写："黄发垂髫，并怡然自乐。"而"总角"指的是八九岁至十三四岁的少年，因为古代孩童将头发分作左右两半，在头顶各扎成一个结，形如两个羊角，故称为"总角"。又如"豆蔻"一词特指女孩子十三四岁的年纪，这种说法出自唐代杜牧的《赠别》一诗："娉娉袅袅十三余，豆蔻梢头二月初。"豆蔻是一种初夏开花的植物，因时节还未到盛夏，遂比喻人尚未成年，因而称少女时代为"豆蔻年华"。"束发"是指男孩十五岁的年纪，因为到了十五岁，男子要把原先的"总角"解散开来，再扎成一束，称为"束发"。"弱冠"是指男子二十岁的年纪，古代男子在二十岁时会行"冠礼"，表示已经成年，但因还没达到壮年，故称"弱冠"。

在对妙龄女子的称谓中，还有两个非常富有诗意的词语，那就是"桃李年华"和"花信年华"：前者也被称为"双十年华"，比喻二十岁的女子青春年少，这种说法出自明代徐渭的《又启严公》："誓将收桑榆之效，以毋贻桃李之羞，一雪此言，庶酬雅志。"后者则泛指女子正处于年轻貌美之时。

今人常说的"而立之年""不惑之年""知命之年""耳顺之年""从心之年"，都出自《论语·为政篇》："吾十有五而志于学，三十而立，四十而不惑，五十而知天命，六十而耳顺，七十而从心所欲，不逾矩。"其中，"而立"是指男子三十岁。立，即"立身、立志"之意。"不惑"是男子四十岁左右，有"不迷惑、不糊涂"之意。"知命"表示男子五十岁，意指人生际遇不是听天由命，而是谋事在人、成事在天，自己努力去做了，成不成事则主要在天不在人了。"知命"则是"知天命"之意。六十岁在古时是非常重要的一年，这一年又被称作"花甲之年"，因为六十年是一个甲子年，活到六十岁了，不管好话坏话，尽管由人说去，自己都听得进去，丝毫不会因此动心生气，内心依然平静，所以"六十而耳顺"。古人的寿命没有现在这么长，能活到七十岁的人已经很少了，圣人说的"七十不逾矩"意思是七十岁能随心所欲而不逾越规矩。另外还有"古稀之年"的说法，杜甫诗曰："酒债寻常行处有，人生七十古来稀。"后人多依此诗，称七十岁为"古稀之年"。"耄耋之年"指的是人活到八九十岁的年纪。七十岁已是"古来稀"了，八九十岁的人更是少之又少。"耄耋之年"的说法出自曹操的诗句"人耄耋，皆得以寿终，恩德广及草木昆虫"。

除了以上耳熟能详的称谓，还有一些鲜为人知，但非常有趣的说法，如"牙牙"本是一个象声词，形容婴儿学习说话的声音。如"牙牙学语"这个成语，就是指小孩开始学说话。清代袁枚的《祭妹文》中写道："两女牙牙，生汝死后，才周晬（suì）耳。"其中的"周晬"，也是指婴儿周岁。又如"孩提"一词，是指初知发笑、尚在襁褓中的婴孩，一般指两三岁的幼儿。也有将它写作"孩提包"或"提孩"的，韩愈就有"两家各生子，提孩巧相如"的诗句。

总之，我们的古人既博学又有趣，一个年龄都能搞出这样多的花样！那么，今年，您贵庚啦？

"六六大顺""九九归一"，中国人为何偏爱"六"和"九"

"一帆风顺，二龙腾飞，三阳开泰，四季平安，五福临门，六六大顺，七星高照，八方来财，九九同心，十全十美。"

以上是一段典型的中国式新年祝词，"六六大顺""九九归一"中的"六"和"九"可谓两个相当吉祥的数字了，人们也都喜欢用它们来祝愿他人好运、升官发财等。那么，它们分别代表什么？中国人为何偏爱这两个数字呢？

"六"用得最多的意思就是前文所说的"六六大顺"，代表顺风顺水、一切顺利、一帆风顺等，当然，它的意义绝不仅限于此。中国人对于"六"的解读，可真是多种多样呢！

"六"是"溜"的谐音，借了迅速、敏捷之意，引申为顺利。它是一个偶数，有成双之意，常与"好事成双""双喜临门""成双成对"等溢美之词联系在一起，象征吉祥如意。同时，它还是一个合数，有聚集、和谐、融洽之意，古人常将一些理念与"六"结合，并将"合"的理念植入执政理国中。

数字"九"，因与"久"谐音，代表长长久久，所以自古以来深受人们的偏爱。我国以奇数为阳，偶数为阴。《黄帝内经·素问》有："天地之至数，始于一，终于九焉。"这里，"九"是最大阳数，九九重阳就借用了此意。古人认为这一日大吉，所以要插茱萸、饮艾酒、登高远望，阖家欢乐。另外还有很多成语、俗语也喜欢用"九"，于是就有了"九五之尊""一言九鼎"等。

作为一个概数，"九"有"最多""最高"之意，如上文提到"一言九鼎"中的"九鼎"，传说是夏禹所铸九鼎，象征九州，九州又代表天下；言天极高处为"九天"；称地最深处为"九泉"；称家族宗法体系为"九族"；把仪礼参拜为"九拜"；将社会上职业行当分为上、中、下九流……都是这个意思。对古人来说，"九"是最高数，超过就进一位，又回到"一"了。"十"则代表"满"，有"满招损"之嫌，所以"九"才是最高、最多、最好，有永远向前之意。难怪历代帝王都将"九"视为幸运数字，凡城门数、宫殿数、门钉数甚至房间数多以"九"来计。据说紫禁城就有9999个房间，称为"宫阙九重"；太和殿采用"九开间"；故宫和北海都有九龙壁；故宫的门钉则取"九九八十一"这个数目。可见，"九"作为天子之尊的体现有多么深入人心了。

数字一旦和文化相遇，便生出无穷的趣味。

这些幸运数字在历史长河中始终扮演着重要的角色，被赋予了无比厚重的文化内涵，也反映出人们渴望国泰民安、招财进宝的朴素心愿。毕竟，有期待总是好的。

石狮门口立，安能辨我是雄雌

狮子是百兽之王，把它们置放在宫殿、府第、衙门前，具有威震四方、慑服群兽之意，以象征尊荣与权势。雄狮蹄下踏球象征寰宇的统一，是统治者权力的象征；雌狮抚幼狮象征子嗣的昌盛繁衍；双狮之口呈45°对视状，寓意快乐与和平。此外，石狮的头上所刻之疙瘩，以数之多寡显示其主人地位之高低，以十三为最高，即一品官衙门前的石狮头上刻有十三个疙瘩，称为"十三太保"；一品官以下，递减一个疙瘩；七品官以下，其门前不准置放石狮。

那么门前的石狮子如何分辨雌雄呢？

根据通常的经验来看，可以从"两看"入手：一看位置，二看分工。

一看位置。石狮子通常以须弥座为基座，基座上有锦铺（铺在须弥座上，四角垂在须弥座的四面）。狮子的造型各异，在中国又经过了美化修饰，基本形态都是满头鬣发，威武雄壮。看门的石狮子是有摆放规矩的，应成双成对出现，且一般都是左雄右雌，符合中国传统男左女右的阴阳哲学。具体而言，石狮子在大门两侧的摆放都以人从门内出来的方向为参照。当人从大门里出来时，雄狮应在人的左侧，雌狮在右侧；从门外进入时，则刚好相反。若大门内外都有一对石狮子的话，门外（进门方向）是雄狮在右侧，雌狮在左侧；门内（出门方向）是雄狮在左侧，雌狮在右侧。也就是说，如果人是从大门里出来的话，门的内外两侧左边一定是雄狮，右边一定是雌狮。

当然，也有特殊情况。泰山"孔子登临处"的四柱三门坊前后两面的两对石狮子，却是左雌右雄，与常情相反，其中含义不得而知。

二看分工。门口左侧的雄狮左爪下踩着一个球，即"狮子滚绣球"；门口右侧雌狮右爪下抚着一只幼狮，即"太师少师"。

也有例外。例如嘉峪关内侧关帝庙前的石狮子，曲阜孔府前面的石狮子，鼓楼内东华门大街南北两侧的石狮子，它们的造型就比较特别，爪下没有绣球和幼狮，难以区分雌雄。

那么，石狮子是怎么传到我国的呢？

狮子不是中国本土的物种，据说是从西域传来的，其形象始于汉朝。相传东汉章帝时，西域大月氏（zhī）国把一头金毛狮子作为礼物进贡给中国的皇帝。随着佛教的传入，狮子逐渐成为一种被赋予神力的灵兽。在中国文化中，狮子更多的是一种存于神话中而非现实生活中的动物，和麒麟一起成为中国的灵兽。

不知从何时起，狮子成了看守门户的吉祥物，并且逐渐和中国文化相融合。其造型在不同朝代有不同的特征，汉唐时通常强悍威猛，元朝时身躯瘦长有力，明清时较为温顺。

　　清代，狮子的雕刻基本定型，《扬州画舫录》（1795 年作）中规定："狮子分头、脸、身、腿、牙、胯、绣带、铃铛、旋螺纹、滚凿绣珠、出凿崽子。"

　　石狮不仅有不同的时代特点，还有明显的地域特色。总体而言，北方的石狮子外观大气，雕琢质朴；南方的石狮更为灵气，造型活泼，雕饰繁多，小狮子也不仅在母狮手掌下，有的还爬上狮背，活泼可爱。

《百家姓》为什么用"赵钱孙李"开头

《百家姓》是一部关于汉字姓氏的作品。据文献载，其成文于北宋初，原收集姓氏 411 个，后增补到 504 个，其中单姓 444 个，复姓 60 个。

《百家姓》采用四言体例，对姓氏进行了排列，且句句押韵，虽然内容没有文理，但对于中国姓氏文化的传承、中国文字的认识等方面都起到了巨大作用，这也是它能够流传千百年的重要原因。

说起《百家姓》，同学们首先就会想到开头四姓——"赵钱孙李"，可为什么会是这四个姓？它们到底有什么特殊的意义？

在查阅大量资料后，包子老师大致总结出以下几种说法。

其一，据明清文献记载而来。《百家姓》是宋初一位吴越地区的儒家学者最先编辑而成的。因当朝皇帝姓赵，所以《百家姓》的第一姓氏就是"赵"；五代十国时期，吴越国的国王姓"钱"；宋朝皇族有女眷姓"孙"；后唐皇帝李后主的姓氏为"李"。

其二，与第一种说法大致相同，仅"孙"姓略有出入。

复旦大学历史系的钱文忠教授介绍，《百家姓》中的姓氏并不是按照这些姓的人口数量排列的。"赵"是当时的皇姓，理所当然地排在第一位；钱镠（liú）曾在吴越地区建立吴越国，为当地百姓做了不少贡献，当地人都很感念钱家的恩德，所以"钱"就放在了第二位；至于"孙"，是吴越王钱弘俶（chù）皇后的姓；而"李"是当时吴越邻国南唐的国姓。于是"赵钱孙李"便成了《百家姓》的开头一句。

这里要多说几句。五代十国中有一个吴越国，国君治国有方，人民安居乐业，经济发达，是当时神州最为富裕的地方。当时，赵匡胤以武力消灭了八个国家，建立了北宋，吴越国尚存。面对赵匡胤强大的兵力和他统一中国的勃勃雄心，吴越国王钱弘俶为使生产力不遭破坏，做出了明智的选择：取消自己的王位，将国土全部献纳给宋朝，由此中国和平统一。人们为了缅怀这位以统一大业和人民生命财产为重的钱氏国王，便把钱姓排在了《百家姓》的第二位。

可以说，第一、二种说法，都充分考虑了政治因素、人情世故、美好情感，具有一定可信性。

其三，民间传说《百家姓》是北宋初期的人编写的，"赵"是当时的皇姓，随后的"钱"代表有钱，"孙"代表子孙众多，"李"则代表桃李满天下，合起来就是"赵钱孙李"。此说法倒是很符合民间祈福的心理及普通百姓的朴实追求。

其四，家谱国际研究院认为《百家姓》原是姓氏的简单排列，成句后并没有特定意义，但有些句子后来演变为成语。比如"乌焦巴弓"是《百家姓》里排在一起的四个姓氏，如今常用来比喻物体被烧得乌黑。

再来看一下《百家姓》开头四姓的由来。

姓氏可以追溯到人类原始社会的母系氏族制度时期，赵、钱、孙、李的由来也颇为传奇，同学们可以了解一下。

赵：造父为周穆王驾车，穆王把赵城赐了给他，其后代以国为姓。

钱：彭祖的孙子彭孚在西周朝廷任钱府上士，其后人以其官为姓。

孙：周文王的一个后代叫惠孙，其后代以其名"孙"作为姓。

李：皋陶（gāo yáo）的后人理征因得罪纣王被处死，其妻儿在一棵李子树下摘果充饥得以活命，其后人为纪念李子的救命之恩，改为"李"姓。

现在，同学们能理解《百家姓》中"赵钱孙李"为何是"排头兵"了吧！

一日三餐，是怎么定下来的

一天应该吃几顿饭？即使去问幼儿园的孩子，也能得到"一日三餐"的标准答案。早餐、中餐和晚餐，放之四海而皆准，世界各国都不约而同据此进食。

那么，为什么不是两顿，或者四顿？这可不是一个无厘头的问题。随着人类生产、生活方式的变化，吃饭的节奏也在调整，最终才固定为一日三餐。其实这个饮食习惯还是近一千年以来确立的，在以前或更早的时期，并不是这样的。

远古时期，人们并未有定点吃饭的习惯，这主要是由于生产力低下所致。人们以打猎为生，粮食不够吃，更谈不上定点吃饭了。彼时遵循的准则是"饥则求食，饱则弃余"。

到了商朝，人们逐渐养成了定时吃饭的习惯，不过那时是两餐制，分为大食和小食，大食指的是朝食，即早饭。

三餐的说法最早见于《庄子·逍遥游》："适莽苍者，三餐而反，腹犹果然。"意思是郊野游玩时，吃饱饭往返，回来时肚子仍是饱的。"三餐"这里指一天，即只需一日之粮。

秦汉时期，一日两餐已成为主流，朝食是一天中的主食，这在《史记》中也得到了验证。书中记载了刘邦欲做关中王，项羽得知后，犒赏军士一天食三餐，刘邦也用一样的方式鼓舞士气，最终战败了项羽的军队。可见，当时一日三餐并未成为主流，但王公贵族已经能够享受到这样的饮食待遇。

中国人是从什么时候开始吃三餐的呢？普遍认为，汉唐时期，本为贵族阶层的三餐食俗逐渐流行于民间，即郑玄言："一日之中三时食。朝、夕、日中时。"其中"日中"这顿就是午餐。至今，江浙一带仍有把午饭叫作"昼饭"的习俗，这种语言传统自有其汉唐遗风——"昼饭"来自《说文解字》里的"昼食"。《说文解字约注》里解释得很清晰："许（慎）云昼食，谓中午之食也。昼字从昼省，从日，言一日之中，以此为界也。今湖湘间犹谓上午为上昼，下午为下昼，则昼食为午时食明矣。"此外，普通百姓也会有正餐以外的点心小食，在早、晚两餐的餐时制度里，体力劳动的消耗需要补充能量，通常以"点心"的形式在中午进行补充。时间久了，中午的那顿点心就逐渐演化成午餐。直到今天，上海地区崇明方言里还有把午饭叫作"点心"的习惯，"吃午饭"也是"吃点心"。受中华饮食文化影响颇深的日本，传统上只吃两餐，到了江户时代，从劳工早晚两餐的点心里逐渐演变出午餐，日语也将这最晚出现的正餐称为"中食"。宋代的娱乐业日益发达，人们的夜生活更加丰富，睡得更晚了，自然需要补充更多的能量，一日三餐也就顺理成章了。

需要注意的是，三餐的出现并不意味着两餐的退出，从汉唐至清末，两餐制都与三餐制齐头并进，具体采用哪种，依据社会阶层、各地经济发展、地理与日照时长而有所不同。《清稗（bài）类钞·饮食类》载："我国人日食之次数，南方普通日三次，北方普通日二次。"清代满族从北方游牧民族而来，入主中原后依然沿袭着一日两餐的传统。至今，东北冬天的农闲时节，还有吃两顿饭的习惯。

民以食为天，我们人体所需的大部分营养都是来自一日三餐，包括蛋白质、脂肪、维生素、水分等。一日三餐的饮食习惯在现在看来，是非常科学的，难怪有"人是铁，饭是钢，一顿不吃饿得慌"的说法，实在是恰如其分啊！

叁

艺空
文星

何为《诗经》的"六义"

《诗经》，中国诗歌的源头。对于我们来说，也许它太久远了，远到如果没有注释，就无法理解。其实，它只是民歌，是普通人的歌，并没有想象中的那么遥不可及。千百年来，它就如盛开在彼岸的花，即使无法摘取，也一直存活于万众之心，只是往往在不经意间，就被我们遗落在另一个时代。

《诗经》是中国文学史上第一部诗歌总集，收入西周初期至春秋中叶间的诗歌 311 篇。所谓《诗经》中的"六义"，是指"风、雅、颂"三种诗歌形式与"赋、比、兴"三种表现手法。语出《诗·大序》："故诗有六义焉：一曰风，二曰赋，三曰比，四曰兴，五曰雅，六曰颂。"

风、雅、颂　《风》又称《国风》，一共有 15 组，"风"本是乐曲的统称。15 组国风并不是 15 个国家的乐曲，而是十几个地区的乐曲。包括周南、召南、邶（bèi）、鄘、卫、王、郑、桧、齐、魏、唐、秦、豳（bīn）、陈、曹的乐歌，共 160 篇。《国风》是当时当地流行的歌曲，带有地方色彩。从内容上说，大多数是民歌，作者大多是民间歌手，也有个别贵族。

对于《雅》的认识有各种不同的观点。一种认为《雅》是周朝直接统治地区的音乐，"雅"有"正"的意思，把这种音乐看作"正声"，意在表明和其他地方音乐的区别。也有人说"雅"与"夏"相通，夏是周朝直接统治地区的称呼。还有观点认为，《雅》是指人人能懂的典雅音乐。《雅》共 105 篇，分为《大雅》31 篇和《小雅》74 篇，多数是朝廷官吏及公卿大夫的作品，有一小部分民歌。其内容几乎都是关乎政治方面的，有赞颂好人好政的，有讽刺弊政的，只有几首表达个人感情的诗，没有情诗。

《颂》是贵族在家庙中祭祀鬼神、赞美治者功德的乐曲，在演奏时要配以舞蹈，又分为《周颂》《鲁颂》和《商颂》，共 40 篇。其中《周颂》31 篇，被认为可能是西周时的作品，多作于周昭王、周穆王以前；《鲁颂》4 篇，被认为可能是鲁僖公时的作品；《商颂》则被认为是春秋以前宋国的作品。

赋、比、兴　按朱熹《诗集传》中的说法："赋者，敷也，敷陈其事而直言之者也。"就是说，赋是直铺陈述，是最基本的表现手法。如"死生契阔，与子成说。执子之手，与子偕老"，即是直接表达自己的感情。

用朱熹的解释，"比"是"以彼物比此物"，也就是比喻之意。《诗经》中用比喻的地方很多，手法也富于变化。如《鹤鸣》用"他山之石，可以攻玉"比喻别国的贤才可为本国效力；《硕人》连续用"荑蕛（róu tí）"喻美人之手、"凝脂"喻美人之肤、"瓠犀"喻美人之齿等，都是"比"的佳例。

"赋"和"比"都是诗歌中最基本的表现手法，而"兴"则是《诗经》乃至中国诗歌中比较独特的手法。"兴"的本义是"起"，因此又多称为"起兴"，对于诗歌中渲染气氛、创造意境起着重要的作用。

在朱熹看来，"兴"是"先言他物以引起所咏之辞"，也就是借助其他事物为所咏之内容做铺垫，往往用于一首诗或一章诗的开头。有时，一句诗中的句子看着似比似兴时，可以是否用于句首或段首来判断是否是兴。如《卫风·氓》中"桑之未落，其叶沃若"就是"兴"。大约最原始的"兴"，只是一种发端，同下文并无意义上的关系，表现出思绪无端的飘移联想。就像秦风的《晨风》，开头"鴥（yù）彼晨风，郁彼北林"，与下文"未见君子，忧心钦钦"云云，很难发现彼此间的意义联系。虽然就这实例而言，也有可能是因时代悬隔才不可理解，但这种情况一定是存在的。即便在现代歌谣中，仍可看到这样的"兴"，真可谓源远流长了。

诸子为啥都有个"子"，百家真达"百"吗

　　春秋战国时期涌现了数不胜数的思想家，他们持有不同的观点和主张，为后人留下了精彩厚重的思想文化遗产。诸子百家，是后世对这些先秦学术思想人物和派别的总称。其中的老子、孔子、孟子、墨子、孙子等，早已为人们所熟知，但他们为什么都叫"子"？是他们的名字碰巧都一样吗？

　　原来，古时的"子"是对德高望重之人的尊称。当时社会上有地位的人，都被称为"某子"。中国自古以来就敬重有学问的人，上文所说的思想家正是凭借自己的学识和智慧，获得了后人为其冠以"子"的尊称。

　　这些思想家针对当时的社会问题四处游说，推行自己的政治主张，或著书立说宣扬这些主张，增强自家学说的影响力，以求论点能为君主所采纳，应用到治国理政中去。该时期，人们的思想空前活跃，在中国文化史上形成了一个百家争鸣、空前繁荣的局面。诸子百家的学术观点反映在他们的作品中也随之形成不同的学术和文学派别。诸子散文大都观点鲜明、言辞犀利、感情充沛，表达方式灵活多样，具有很强的感染力，不仅具有重要的学

术价值，兼具宝贵的文学价值。春秋后期已出现法家、道家、儒家、墨家、阴阳家等不同学派，至战国中期，众学派争相亮相，学说异彩纷呈，为中国文化发展奠定了宽广的基础。遇到观点不同，学者们还常进行辩论，唇枪舌剑中激发出无数精彩的思想火花。于是，后人就用"诸子百家""百家争鸣"形容这种群英荟萃、文化繁荣的盛况。

那么，百家这个数据准确吗？据《汉书·艺文志》载，当时数得上名字的学派共计 189 家、著作 4324 篇。其后的《隋书·经籍志》《四库全书总目》等典籍则载诸子百家实有上千家，但流传较广、影响较大、最为著名的不过几十家而已。归纳后发现，只有 12 家发展成了名家学派，即儒家、法家、道家、墨家、阴阳家、名家、杂家、农家、小说家、纵横家、兵家、医家。几经周折，以孔子、孟子为代表的儒家思想在宋代全面"上位"，不同程度地影响着与中国相邻的国家。

诸子百家的许多思想给后代留下了深刻的启示。如儒家的"仁政""己所不欲，勿施于人"的思想，道家的辩证法，墨家的科学思想，法家的唯物思想，兵家的军事思想等，在今天依然闪烁着光芒。

"孔孟"连体婴、"老庄"不分家

在中国的文化语境中，常把孔子、孟子合称为"孔孟"，将老子、庄子合称为"老庄"。为什么会有这样的合体呢？

所谓"孔孟" 黄仁宇言，在儒家的传统中，孔孟总是形影相随，既有大成至圣，则有亚圣。既有《论语》，则有《孟子》。孔曰"成仁"，孟曰"取义"，他们的宗旨也始终相配合。《史记》说："孟子序诗书，述仲尼之意。"冯友兰也把孔子比作苏格拉底，孟子可以比作柏拉图。

据研究，孔孟之间的传承应是：孔子—曾子—子思—子思门人—孟子。

孔子（前551年—前479年），名丘，字仲尼，祖籍宋国（今河南省商丘市夏邑县），春秋末期鲁国陬邑（今山东省曲阜市南辛镇）人，著名的思想家、政治家、教育家，儒家学派的创始人，开创了私人讲学的风气。孔子是当时社会上最博学者之一，是"世界十大文化名人"之首。相传他有弟子三千，其中贤人七十二，曾带领部分弟子周游列国；修订《诗》《书》《礼》《乐》，序《周易》，撰写《春秋》。孔子去世后，其弟子及其再传弟子把孔子和弟子们的言行、思想以语录的形式记录下来，整理编成著名的儒家学派经典《论语》，对中国和世界都有深远的影响。

孟子（约前 372 年—约前 289 年），名轲，字子舆，汉族，邹国（今山东省邹城市）人，战国时期哲学家、思想家、教育家，儒家学派的代表人物。政治上，孟子主张法先王、行仁政；学说上，他推崇孔子，反对杨朱、墨翟。他继承并发展了孔子的思想，但较之孔子的思想，又加入了自己对儒术的理解，被后世尊称为"亚圣"。孟子的仁政学说被认为是"迂远而阔于事情"，而没有得到实施。最后他退居讲学，和学生一起"序《诗》《书》，述仲尼之意，作《孟子》七篇"。

所谓"老庄" 老庄，是老子、庄子的并称，也指老学、庄学的合称，借而代指道家老庄学派学说。

道家主张"清静无为""顺应天道""逍遥齐物"等思想。老子著有《道德经》（别名《老子》《老子五千言》），其核心思想为"人法地、地法天、天法道、道法自然"。庄子实际上是继承、发展并且阐释了老子的思想，并带有个性地进行解读，看法精练独到、积极遁世、卓尔不群，故而与老子并称，一并成为道家学说的代表人物。

老子，姓李名耳，字聃，生卒年不详，或认为与孔子同时，或认为晚于孔子。有《道德经》存世，其精华是朴素的辩证法，主张无为而治，其学说对中国哲学发展具有深刻影响，被尊为"道教始祖"，有"骑青牛出函谷关"的传说，演化为成语"紫气东来"。

庄子，名周，字子休，号南华真人，道教四大真人之一，战国时期宋国蒙人，战国中期道家学派的代表人物，著名的思想家、哲学家、文学家，道家学说的主要创始人之一。庄子祖上系出楚国公族，先人避夷宗之罪迁至宋国蒙地。庄子生平只做过地方漆园吏，因崇尚自由而不应同宗楚威王之聘，是老子思想的继承者和发展者，代表作品为《庄子》，名篇有《逍遥游》《齐物论》等。

大家来找碴：《孙子兵法》《孙膑兵法》真的只是一字之差吗

看古装连续剧的时候，常会看到军队作战的场面。剧中人物会提到一些常用的兵法，尤其是《孙子兵法》中的一些内容。其实，除了举世闻名的《孙子兵法》，还有一部《孙膑兵法》，此二者仅一字之差，常被人搞混。

两部兵法的区别主要包含以下几个方面：一是作者不同，《孙子兵法》是孙武所作，《孙膑兵法》是孙膑所作；二是创作朝代不同，《孙子兵法》成于春秋时期，《孙膑兵法》成于战国时期；三是著作章节不同，《孙子兵法》有十三篇，《汉书·艺文志》称《孙膑兵法》"八十九篇，图四卷"。值得一提的是，孙武、孙膑之间是有联系的，据查，孙膑是孙武的后代。

下面分别看一下二孙的简介，以及他们各自的军事思想。

孙武（约前545年—约前470年），字长卿，春秋末期齐国乐安（今山东省北部）人，著名军事家、政治家，尊称"兵圣"或"孙子"（孙武子），又称"兵家至圣"，被誉为"百世兵家之师""东方兵学的鼻祖"。

孙武曾经由齐至吴，经吴国重臣伍员（伍子胥）举荐，向吴王阖闾进呈所著兵法，受到重用为将。他曾率领吴国军队大败楚国军队，占领楚国都城郢（yǐng）城，几近覆亡楚国。《孙子兵法》有十三篇，为后世兵法家所推崇，被誉为"兵学圣典"，置于《武经七书》之首，在中国乃至世界军事史、军事学术史和哲学思想史上都占有极为重要的地位，并在政治、经济、军事、文化、哲学等领域被广泛运用，被译为英文、法文、德文、日文，该书成为国际间最著名的兵学典范之书。

《孙子兵法》继承、发展前人的军事理论和战争经验，揭示了战争的若干客观规律，具有朴素的唯物论和辩证法思想。作者把战争看作关系军民生死、国家存亡的大事而加以认真研究，要求对战争持慎重态度，主张对敌对国家可能的进攻必须做好准备，也即对战争要有"有备无患"的思想。书中还着重论述了决定战争胜败的基本因素，把政治作为决定战争胜败的首要因素；重视和强调了将帅的地位和作用，治军思想在于文武兼施、刑赏并重。书中名言"知彼知己，百战不殆"是科学的论断，揭示了正确指挥战争的规律，其中关于作战方针、作战形式、作战指导原则等的论述，都是以这一思想为基础。

孙膑，生卒年不详，字伯灵（山东孙氏族谱可查），出生于阿、鄄（juàn）之间（今山东省菏泽市鄄城县北），是孙武的后代，战国时期的著名军事家。孙膑曾与庞涓为同窗，庞涓辅佐魏惠王，做了将军，暗中派人请孙膑到魏国，却忌惮对方的才能在自己之上，遂对其进行陷害，用了膑刑，即去掉膝盖骨的残忍肉刑，所以后人叫他孙膑。

在友人的帮助下，孙膑最后逃离魏国，到了齐国，被齐威王重用，做了齐国将军田忌的军师，著名的"田忌赛马"就是其计谋的体现，流传至今。孙膑设奇计大败魏军，并射死庞涓。后来，田忌被邹忌排挤，流亡到楚国，孙膑大概也随他而去，所以汉人王符说"孙膑修能于楚"。战国的兵家中，孙膑以"贵势"，即讲求机变而著称，和吴起都是当时著名的军事家。

最早明确记载孙膑著有兵法的是《史记》，《汉书·艺文志》将其与《吴孙子兵法》并列。据考证，《孙膑兵法》的散失大概在唐代以前。1972 年 2 月，山东临沂银雀山一号汉墓出土了竹简本的《孙膑兵法》，失传已久的古书得以重见天日。经认真整理，竹简本《孙膑兵法》分为上、下两编，上编可以确定属于《齐孙子》的十五篇，包括《擒庞涓》、《见威王》、《威王问》和《陈忌问垒》等；下编尚不能确定是属于《齐孙子》的论兵之作。竹简本篇数大大少于《汉书·艺文志》著录本，也不是完善的版本。

《孙膑兵法》特别重视道，这一点和《六韬》很相似，在治国、治军以及治敌各个方面，作者都反复强调道的作用。他不迷信赏罚的作用，认为必须"用民得其性"才能做到"则令行如流"，如果违背民性，赏罚就会失去作用。孙膑言："赏未行，罚未用，而民听令者，其令，民之所能行也。赏高罚下，而民不听其令者，其令，民之所不能行也。"可见，《孙膑兵法》受到了黄老思想的深刻影响。

汉乐府：逐梦青年才艺培训中心

汉乐府，是初设于秦，正式确立于西汉的专门管理乐舞演唱教习的机构。"孔雀东南飞，五里一徘徊""少壮不努力，老大徒伤悲""唧唧复唧唧，木兰当户织"，这些耳熟能详的诗句都出自汉乐府。其中，《孔雀东南飞》是我国古代最长的叙事诗，与《木兰诗》合称"乐府双璧"，与《木兰诗》、唐代韦庄的《秦妇吟》又并称"乐府三绝"。

不禁感叹，汉乐府到底是个什么地方，竟流传出如此多值得反复吟诵的诗句？

公元前 112 年，汉武帝正式设立汉乐府，其职责是一方面为文人创造的诗歌制谱、配乐、演奏，另一方面收集民间歌谣，以备朝廷祭祀或宴会时演奏之用。汉乐府在西汉时期得到扩大和发展，据《汉书·礼乐志》载，至成帝末年，乐府人员多达八百余人，成为一个规模庞大的音乐机构，除组织文人创作朝廷所用的诗歌外，还广泛收集各地歌谣。许多民间歌谣因在乐府演唱，才得以流传下来。

魏晋以后，人们将汉乐府所创的诗也称为"乐府"，于是，

"乐府"便由音乐官署的名称变为诗体的名称。郭茂倩的《乐府诗集》将乐府分为十二类，主要的是四类，即郊庙歌辞、鼓吹曲辞、相和歌辞、杂曲歌辞。郊庙歌辞是贵族文人为祭祀而作的乐歌，华丽典雅；鼓吹歌词，又叫短箫铙歌，原是军歌，后用于宫廷朝会、贵族出行等场合；相和歌辞和杂曲歌辞多是从各地采集的民间歌谣，反映人民生活疾苦。

这么一看，汉乐府就是活脱脱一个才艺培训中心，还是皇家御用的，专门为重大场合服务，比如祭祀、朝会，地位之高、作用之大，可想而知，堪比如今的中国交响乐团，属于国家级的表演团体，代表我国歌唱演奏艺术的最高水平。对于渴望走诗歌演艺之路的有志青年，这就是理想之地、梦想之所啊！

值得称道的是，汉乐府还收集民间歌谣，关注百姓的切身生活，如相和歌辞中的《东门行》，描写的是一个下层百姓在无衣无食的绝境中，因极端穷困而迫不得已走上反抗道路的故事；《妇病行》，通过一病妇的家庭悲剧，描绘了汉代劳动人民在残酷的剥削压迫下，挣扎于死亡边缘的生活惨象；《孤儿行》，通过孤儿对自身悲苦命运和内心哀痛的诉述，真实有力地描绘了社会凄冷与人们道德观念的扭曲。这些作品无不揭示了平民百姓经济上的贫穷、劳作中的艰难，还通过人物的对话、行动、内心独白等，表现出他们心灵的痛苦和感情上的煎熬。

乐府诗还对男女之间的爱恨情仇做了大胆直接的表白。如"我欲与君相知，长命无绝衰。山无陵，江水为竭。冬雷震震，夏雨雪。天地合，乃敢与君绝"，流露出的情爱意味如火山爆发般滚烫热烈，感天撼地。再如《有所思》中写道："有所思，乃在大海南。何用问遗君，双珠玳瑁簪。用玉绍缭之。闻君有他心，拉杂摧烧之。摧烧之，当风扬其灰！从今以往，勿复相思，相思与君绝！"刻画出一个对爱情真挚决绝的女性形象，一旦发现对方移情别恋，便由爱转恨，果断地与之分手，绝不优柔寡断。

可惜，汉哀帝刘欣登基后，下诏罢乐府官，大量裁减乐府人员，残部划归太乐令统辖。自此，汉代再无乐府建制。汉乐府作为机构消失了，但它"逐梦青年才艺培训中心"的功能，是不容置疑的，乐府诗的意义也是深远的。经秦至汉，到东汉后期以前，几乎没有值得称道的诗人和诗作，是汉乐府使得大量优秀的民间诗歌以乐府诗歌的形式得以保存，适时填补了汉代诗坛的相对空白。乐府诗的出现，还开创了五言诗体形式，从此，五言诗体一直作为中国古典诗体的主流存在。

左手唐诗，右手宋词，文学"双绝"尽在掌握

提起汉语言文学的瑰宝，唐诗、宋词必然当仁不让——这是属于我们民族的骄傲。

唐诗，泛指创作于唐朝的诗，为当时儒客文人之智慧佳作。唐诗是中华文化宝库中的一颗璀璨明珠，对世界上许多国家的文化发展亦产生了很大的影响，对于后人研究唐代的政治、民情、风俗、文化等都有着重要的参考意义。

唐诗的形式多种多样。唐代的古体诗，主要有五言和七言两种；近体诗也有两种，一是绝句，一是律诗。绝句和律诗又各有五言和七言之分。所以，唐诗的基本形式有六种：五言古体诗、七言古体诗、五言绝句、七言绝句、五言律诗、七言律诗。古体诗对音韵格律的要求比较宽松：一首之中，句数可多可少，篇章可长可短，韵脚可以转换；近体诗对音韵格律的要求比较严格：一首诗的句数有限定，即绝句四句，律诗八句，每句诗中用字的平仄（zè）声有一定的规律，韵脚不能转换；律诗还讲究中间四句对仗工整。古体诗的风格是前代流传下来的，所以又叫"古风"。近体诗有严整的格律，因而有人又称它"格律诗"。

唐诗的形式和风格是丰富多彩、推陈出新的，不仅继承了汉魏民歌、乐府的传统，并且大大发展了歌行体的样式；不仅继承了前代的五言、七言古诗，并且发展为叙事言情的鸿篇巨制；不仅扩展了五言、七言形式的运用，还创造了风格优美整齐的近体诗。近体诗是当时的新体诗，它的创造和成熟是唐代诗歌发展史上的一件大事，将我国古曲诗歌的音节和谐、文字精练的艺术特色，推至前所未有的高度，为古代抒情诗找到一个最典型的形式，至今还特别为大众喜闻乐见。但是近体诗中的律诗，因有严格的格律限制，容易使诗的内容受到束缚，诗人不能自由创造和发挥，正可谓长处亦可为缺陷，成也萧何败也萧何。

唐诗的派别很多，异彩纷呈：山水田园诗派，代表人物为王维、孟浩然；边塞诗派，代表人物为高适、岑参、王昌龄、王之涣；浪漫诗派，代表人物李白；现实诗派，代表人物杜甫。从时间上划分，唐诗可以分为初唐、盛唐、中唐、晚唐四个时期。

宋词是继唐诗之后，于宋代盛行的一种文学体裁，是相对于古体诗的新体诗歌之一，代表着宋代文学的最高成就。因是合乐的歌词，宋词的句子有长有短，故又称"曲子词""乐府""乐章""长短句""诗余""琴趣"等。它始于南朝梁代，形成于唐代，极盛于宋代。它以姹紫嫣红、千姿百态的神韵，与唐诗争奇、与元曲斗艳，历来与唐诗并称"双绝"，都代表着一代文学之盛。

宋词的代表人物主要有苏轼、辛弃疾（豪放派代表词人）；柳永、李清照（婉约派代表词人）。词有如下四种分类方式。

一是按长短规模分，大致可分为小令（58 字以内）、中调

（59~90 字）和长调（91 字以上，最长的词达 240 字）。一首词，有的只有一段，称为单调；有的分两段，称双调；有的分三段或四段，称三叠或四叠。

二是按音乐性质分，可分为令、引、慢、三台、序子、法曲、大曲、缠令、诸宫调九种。

三是按拍节分，常见的有四种，分别是令，也称小令，是节拍较短的；引，是以小令微而引长之的；近，是以音调相近，从而引长的；慢，是引而愈长的。

四是按词牌来源划分，大约有三种情况。

1. 本来是乐曲的名称，例如《菩萨蛮》。据说是由于唐代大中初年，女蛮国进贡的美女，她们梳着高髻，戴着金冠，满身璎珞（璎珞是身上佩挂的珠宝），像菩萨。当时教坊因此谱成《菩萨蛮曲》。据说唐宣宗爱唱《菩萨蛮》词，可见是当时风行一时的曲子。其他如《西江月》《风入松》《蝶恋花》等，都是属于这一类的，无不是来自民间的曲调。

2. 摘取一首词中的几个字作为词牌。例如《忆秦娥》，因为依照这个格式写出的最初一首词开头两句是"箫声咽，秦娥梦断秦楼月"，所以词牌就叫《忆秦娥》，又叫《秦楼月》。《忆江南》《如梦令》《念奴娇》等词牌也属这种。

3. 本来就是词的题目。《踏歌词》咏的是舞蹈，《舞马词》咏的是舞马，《渔歌子》咏的是打鱼，《更漏子》咏的是夜，这种情况是最为普遍的。

语不华丽死不休：论"八大名赋"的养成岁月

提起中国文学的瑰宝，大家脱口而出的就是唐诗宋词，殊不知二者遣词造句再精致，也敌不过另一种古典文体的华丽考究——这就是赋，洋洋洒洒、贵气逼人。

赋是我国古代的一种有韵文体，是介于诗、文之间的边缘文体，与后世的散文诗雷同，尤其讲究文采、韵律，"铺采摛（chī）文，体物写志"，侧重于借景抒情。它最早出现于先秦诸子散文中，称"短赋"。爱国诗人屈原贡献的"骚体"是诗向赋的过渡，称为"骚赋"。赋的体例在汉代正式确立，就是今天说的"辞赋"。魏晋后，辞赋愈发向骈（pián）对方向发展，称为"骈赋"。唐代又由骈体转入律体，改称"律赋"。宋代文人多以散文体作赋，是为"文赋"。其中，以汉赋最为著名，司马相如、扬雄、班固、张衡被后世誉为"汉赋四大家"。

从主题上看，骚体赋多体现"悲士不遇"，无不仿效屈原的忧懑（mèn）之风，形式较为固定，铺张夸饰，对汉赋的影响极其深远。表现手法上，多采用楚辞"香草美人"的比兴、"引类譬喻"等。至汉代，儒客文人尤其热衷写赋，其特点为散韵结合、专事铺叙，涉猎内容大致分为五类：渲染宫殿城市、刻画帝王游猎、记录羁旅经历、抒发不遇之憾、杂谈禽兽草木。魏晋时期衍生出的骈赋更注重字面的形式感，通篇对仗、两句成联、句式灵活、虚词较多、行文流畅、音韵和谐，犹如以对联串缀成文，是汉语言美学的极致典范。至于律赋，首要强调格律规范，立意方面冠冕正大，形式上仍不改辞藻华美、对偶精切之风，更重隔句对偶和开篇破题。宋文赋有所变化，写作时多用散文句法，句式参差不齐；押韵更趋自由，主题也以才学、议论为主。值得一提的是，赋作为一种文体，除了具有赏读性，也被用于唐宋以来的科举考试，有入仕之愿者必修此道。

辞赋如此磅礴瑰丽，真正为人所熟知的却远不如唐诗宋词，除了篇幅过长，也因内容浮夸、拘泥于形式遭人诟病，但不能否认该文体蕴含的艺术价值。文化策划人、辞赋作家薛刚认为："赋是最能代表汉文化的文学体裁，是中华民族独有的文体。在中华古典文学体裁中，赋'包括宇宙，总揽人物'，极大限度地利用了汉字字形构造的特点，在字形排列上给阅读者强烈视觉刺激。赋是最能体现中华民族文化、代表汉字和汉语优势与特色的文体。"那么就让我们来一起认识一下中国古代的八大名赋。

《风赋》 作者宋玉，战国时鄢（今襄樊宜城）人，据传师承屈原。另有《九辩》《高唐赋》等存世，在楚辞、汉赋之间，起着承前启后之作用。后人多以"屈宋"并称，足见其在文学史上的地位。该赋通过雄雌二风的论证与比较，表明自然界万事万物皆存在阴阳两面。阳风暖人、阴风伤人，风之冷暖是针对人所处的社会地位不同而定的。有名句"夫风生于地，起于青蘋之末"。

《长门赋》 西汉著名文学家司马相如的传世名篇。据传陈皇后遭汉武帝厌弃，被贬至长门宫，终日幽怨落泪，听闻司马才子下笔如神，辗转托人以千金求赋一首，企望博得武帝的眷顾而复宠。该赋开骈体宫怨题材之先河，将离宫内外景和人的情感有机结合，以景写情，情景交融，堪称赋中别创。有名句"夫何一佳人兮，步逍遥以自虞。魂逾佚而不反兮，形枯槁而独居。言我朝往而暮来兮，饮食乐而忘人"。

《刺世疾邪赋》 东汉辞赋家赵壹所作。此赋仅用四百余字，讽刺了不合理的世事，抨击了黑暗腐败的政治现状，言辞尖锐炽烈，彰显出的愤青之气在绮靡富丽的汉赋中实属异类，引人注目。有名句"哀哉复哀哉，此是命矣夫"。

《洛神赋》 曹魏时期建安文学的代表人物曹植所作，浪漫主义名篇。此赋虚构了作者与洛神从邂逅到彼此思慕的过程，人神之恋缥缈迷离，殊途不同归，徒留无限怅惘。《洛神赋》原名《感甄赋》，一般认为是曹植被封鄄[1]城所作。因魏明帝曹叡将其更名《洛神赋》，世人猜测是因曹植与其母甄氏之间有私情。也有考证显示曹植是为了悼念亡妻崔氏而作。总之，围绕此赋而生的谜团重重，反而更衬托了这首绝美辞赋的浪漫色彩。有名句"翩若惊鸿，婉若游龙。荣曜（yào）秋菊，华茂春松。髣髴（fǎng fú）兮若轻云之蔽月，飘飖（yáo）兮若流风之回雪"。

---

[1] 鄄（juàn）：鄄城，在今山东省菏泽市。

《枯树赋》 南北朝时期北周文学家庾信羁留北方时所作，将亡国之痛、乡关之思、羁旅之恨和人事维艰等情怀凝结一处，字里行间无不荡气回肠。该赋借《续晋阳秋》《世说新语》所记两则晋人殷仲文、桓温对树兴叹的故事，经巧妙演绎，以阐说树的荣枯，抒写自己的心路历程。有名句"昔年种柳，依依汉南。今看摇落，凄怆江潭。树犹如此，人何以堪"。

《别赋》 南朝文学家江淹创作的抒情小赋。江淹一生经历宋、齐、梁三朝，佳作多作于早年坎坷之际，后仕途顺遂，作品乏善可陈，世称"江郎才尽"。此赋以环境烘托、情绪渲染、心理刻画等艺术方法，通过对戍人、富豪、侠客、游宦、道士、情人别离的描写，生动具体地反映出齐梁时代社会动乱的侧影，在以悲为美的艺术境界中，凝练出人类共有的别离之情。有名句"黯然销魂者，唯别而已矣"。

《阿房宫赋》 晚唐杰出诗人杜牧的散文佳作。该赋通过描写阿房宫的兴建和毁灭，栩栩如生地总结了秦帝国骄奢而亡国的历史教训，亦向当朝统治者发出警告，展现了封建时代正直文人忧国忧民、匡时济俗的赤子之心。全赋动用了夸张、想象、比喻等多种手法以及铺排、议论等方式，骈散结合，错落有致，是难得的华丽而不浮夸、言之有物的集大成者。有名句"灭六国者，六国也，非秦也。族秦者，秦也，非天下也"。

《前赤壁赋》 北宋大文豪苏轼的传世之作。此赋作于其人生低谷时期，在经历"乌台诗案"的重大打击后，与友人月夜泛舟游赤壁，以所见所闻的主观感受为线索，通过主客问答的形式怀古伤今，最终得到精神解脱。全赋散骈结合、文辞生动、情韵洒脱、理意精透，具有极高的艺术感染力，为后世散文的创作提供了成功的范例。有名句"驾一叶之扁舟，举匏（páo）樽以相属；寄蜉蝣于天地，渺沧海之一粟"。

四大名著是谁评出来的

四大名著，在每位国人的求学生涯中都是绕不过去的重要存在，就像中国古典文学的智慧之海，供我们徜徉，去了解、学习中国传统人文、社会、伦理、历史、地理、民俗、心理、处世策略等各方面的知识。

《三国演义》全名《三国志通俗演义》，我国第一部长篇章回体历史演义小说，作者是元末明初的著名小说家罗贯中。全书描写了东汉末年魏、蜀、吴三国从时局动乱、军阀纷争中崛起，到最终司马炎一统三国，建立晋朝的故事，概括了该时代的历史剧变，塑造了一群叱咤风云的三国英雄人物，荡气回肠。

《水浒传》我国历史上第一部以农民起义为题材的章回体小说，作者是元末明初的施耐庵。全书讲述了 108 位英雄好汉，在分别经历了不同的坎坷磨难后，迫于无奈，聚于梁山起义，后接受朝廷的招安，最后全军覆没的悲剧故事。小说揭露了当时社会的黑暗和腐朽，指出了"官逼民反"是农民起义的根本原因，歌颂了起义英雄奋起反抗的精神。

《西游记》我国古代第一部浪漫主义章回体长篇神魔小说，

由明代的吴承恩写就。全书主要描写了孙悟空出世及大闹天宫后，和唐僧、猪八戒、沙僧、白龙马一起西行取经，历尽艰险、降妖伏魔，经历了九九八十一难，终于到达西天见到如来佛祖，最终五圣成真的故事。全书读起来亦庄亦谐、妙趣横生，更有据此改编的央视版电视剧，是每年寒暑假的必播剧目，陪伴一代代孩子快乐成长。

《红楼梦》 我国古代章回体长篇小说，通行本共 120 回，一般认为前 80 回是清代作家曹雪芹所著，后 40 回为清代作家高鹗所补。小说以贾、史、王、薛四大家族的兴衰为背景，以富贵公子贾宝玉的视角，以宝、黛、钗三人的爱情婚姻悲剧为主线，描绘了一批闺阁佳人的人生百态，可说是一部全方位展现女性美以及中国古代社会世态百相的史诗性著作。

四大名著的故事早已家喻户晓，它们倾诉着芸芸众生的一茶一饭，也映射着动乱时代的交替变换。四本著作一如中国古典文学史上闪耀的四颗星，每一颗都光芒四射，汇聚一起更是明亮如昼。我们不禁好奇，它们是如何风云际会，成为古代"文学天团"的？

大概在明末清初之际，有一位名叫金圣叹的奇才，苏州吴县人，是著名的文学家、文学批评家。其人狂放不羁，能文善诗，为人率性，以才子自居，对《水浒传》《西厢记》《左传》及杜甫等诸家唐诗都有评点，也是第一个将通俗小说进行排名的人，当时他计划评点的六部才子书就是《庄子》《离骚》《史记》《杜工部集》《水浒传》《西厢记》。

明朝末年，李渔曾在为醉耕堂刊本《三国志演义》作序时，称："冯梦龙亦有四大奇书之目，曰三国也，水浒也，西游与金瓶梅也……"冯梦龙将《三国演义》《水浒传》《西游记》《金瓶梅》评定为"四大奇书"。冯梦龙，也就是"三言两拍"中"三言"的作者，所辑话本《喻世明言》《警世通言》《醒世恒言》，合称"三言"，是中国白话短篇小说的经典代表。而"两拍"是指凌濛初的中国拟话本小说集《初刻拍案惊奇》和《二刻拍案惊奇》。

《红楼梦》出现后，被公认为是中国古典小说的最高峰，地位取代了《金瓶梅》。20 世纪 50 年代，人民文学出版社在整理出版中国古代经典小说之际，借鉴了明代四大奇书的说法，将《金瓶梅》剔除，另外加入《红楼梦》，并将《三国演义》《水浒传》《西游记》《红楼梦》四本书一起打包出版，"四大名著"首次"成团亮相"。20 世纪 80 年代后，很多出版社也效仿人民文学出版社的方式，将四本书打包出版。在流传过程中，就慢慢出现了"四大名著"的说法。

可见，四大名著不是由某个人评定出来的，而是因社会上的广泛传阅得到大众的认可，约定俗成的。

四大民间传说，永恒的爱

> 纤云弄巧，飞星传恨，银汉迢迢暗度。金风玉露一相逢，便胜却人间无数。
>
> 柔情似水，佳期如梦，忍顾鹊桥归路。两情若是久长时，又岂在朝朝暮暮。

宋代秦观的这首《鹊桥仙·纤云弄巧》简直是写尽了世间情爱之精髓！它借牛郎织女的神话故事，讴歌了真挚、细腻、纯洁、坚贞的爱情，动人心弦。"牛郎织女"是中国古代四大民间传说之一，此外还有"孟姜女哭长城""梁山伯与祝英台""白蛇传"三则。一代代国人都把对爱情的美好想象和悲情记忆，寄托于这些传说。

"牛郎织女"的故事是从牵牛星、织女星的星名演化而来的。传说天帝的孙女擅长织布，整日编织彩霞。她厌烦这样枯燥的生活，便偷偷下凡，私自嫁给河西的牛郎，过上了男耕女织的人间寻常生活。天帝为此震怒不已，将织女捉回天宫，迫使夫妻分离，只许他们每年的农历七月七日隔着天河相会一次。他们坚贞的爱情感动了喜鹊，它们成双结对飞来，用身体搭成一道跨越天河的"鹊桥"，牛郎织女借此便可在桥上相会。农历七月七日也被称为"七夕"，如今演变为中国的情人节，这里有牛郎织女的一份功劳。

"孟姜女哭长城"的故事脱胎于《左传》中的史实"杞梁妻拒齐庄公郊外吊唁"，后经过《礼记·檀弓》《韩诗外传》《列女传·齐杞梁妻》等典籍的演绎，变成感天撼地的爱情传奇。古时，修筑长城一直是各种劳役中最为残酷的一项。故事的男女主人公万喜良、孟姜女新婚三天，新郎就被迫出发去修筑长城，不久因饥寒劳累而死，尸骨被埋在长城墙下。孟姜女身背寒衣万里寻夫，历尽艰辛来到长城边，得到的却是夫亡的噩耗。她痛哭城下，将城墙哭倒。这个故事只是千百万下层百姓被劳役至妻离子散、家破人亡的缩影。从中，我们不仅看到一对烟火夫妻令人动容的爱情故事，更看到人民对封建暴政的痛恨以及对幸福生活的渴望与追求。

"梁山伯与祝英台"的故事产生于晋朝，最早出现在《十道四蕃志》中。祝英台女扮男装进学堂读书，与同学梁山伯日久生情，私订终身。祝父嫌山伯贫寒，把女儿嫁给马家。山伯因此积郁成疾，终不治身亡。成婚当日，英台要求花轿必须经过山伯墓前，并进行拜祭。拜祭之际，突然风雨大作，惊雷裂墓，英台奋不顾身跳入墓中。随后，梁祝的魂魄化为蝴蝶，比翼双飞。故事固然是悲剧结局，却带来比"大团圆"更强烈的冲击力。梁祝的传说深刻描摹了旧社会青年男女因阶层所限遭遇的爱情苦难，将一种绝望而又苦闷的人生境遇演绎得绘声绘色，不禁让人感叹世事无常。另有根据该传说创作的同名小提琴协奏曲，甫一问世，即成经典。

"白蛇传"的传说源自唐代洛阳巨蛇事件，后经历代演绎，被明代的冯梦龙选辑在《警世通言》中，是中国民间集体创作之典范。白素贞是千年修炼的蛇妖，为报前世之恩嫁给凡人许仙。和尚法海发现白素贞是蛇妖，将她收入钵内，镇压在雷峰塔下，与许仙永世不得相见。该传说贡献了"游湖借伞""盗仙草""水漫金山"等经典桥段，为各类戏曲改编提供了精彩的素材。传说表达了人们对自由恋爱的向往和对封建势力无理束缚的憎恨，又反映出人与自然、人与社会所必须遵守的一定规章制度。"白蛇传"的传说也被列入第一批"国家级非物质文化遗产"。

以上四大民间传说描写的都是爱情悲剧。相较于"从此王子公主幸福地生活在一起"的童话式大团圆，残缺美往往更能调动人们的情感，因而经久不衰。千百年来，传说中的主人公对真爱的追求、对幸福的向往，始终受到世人的讴歌与赞颂。生命是有限的，但爱是永恒的，其所产生的意义与价值也是永恒的。

虎父无犬子，才华看两代："三曹""三苏""两晏"

"一门父子三词客，千古文章四大家。"这是挂在眉山三苏祠的一副千古名对。"一门三词客"说的正是苏洵、苏轼和苏辙父子三人。所谓"虎父无犬子，一家两代人"这样的美谈，在悠长的中国文学史中并不鲜见，不少家族都是一门能文的"家传名士"。这不免令人好奇，难道文才也是一种可遗传的基因不成？

说起颇负盛名的文学家族，可追溯至魏晋时期的"三曹"。鼎鼎有名的建安七子中，曹氏父子独占三席，一门两帝，文领魏晋，无论从政治角度，还是文学角度，这都是一个注定要在泛黄史册中闪闪发光的家族。曹操是三国时期搅动一方风云的政治家、军事家，也是一位才华横溢的诗人。"东临碣石，以观沧海"，抒尽青云之志；"神龟虽寿，犹有尽时"，慨叹人生有限。如所有独具军事才华的文人一样，曹操诗中所传达的气度与眼界无不令人惊叹，非一般文人诗所能及。

曹丕、曹植作为曹操之子，在治国理政与文学风骨上都可称得上青出于蓝而胜于蓝了。曹操死后，曹丕称帝建国的同时，仍不忘在文学路上继续探索，其代表作《燕歌行》是中国诗歌史上最早的一首七言诗，其所著的《典论》是我国最早的文学理论批评专著。曹植的文学才华则更为突出。"煮豆燃豆萁，豆在釜中泣。本是同根生，相煎何太急？"短短七步之内，曹植心怀悲愤，应声成诗。由于创作环境复杂，诗句自然不比其传世名作《洛神赋》那般辞采华丽，但其中蕴含的浓烈得化不开的手足之情却穿透千年尘埃，牵动着数代读者的心弦。难怪，连向来恃才傲物的谢灵运都忍不住称赞："天下才有一石，曹子建独占八斗。"

唐宋八大家中，还有一门独揽三席的文学家族，正是开篇提到的"三苏"，苏氏父子三人可算得上是中国文学史上的泰斗级人物了。父亲苏洵长于散文，尤擅政论，议论明畅，笔势雄健，所作《六国论》《管仲论》《辨奸论》等名篇，享誉古今。其子苏轼更是宋代文学成就之最，凭一己之力拔高了词的文学地位。"竹杖芒鞋轻胜马，谁怕？一蓑烟雨任平生。"一首《定风波》如一支穿云之箭，以不喜不悲、胜败两忘的豪放气度刺破宋词一贯的旖旎委婉、儿女情长。除此之外，苏大学士在书法、绘画等领域也颇有建树，是一位堪称"全才"的艺术家。弟弟苏辙在诗词、散文、书法方面亦有着极高成就，有《诗集传》《春秋集解》《栾城集》等佳作传世。

细数中国古代文学史，还有一对不随俗流的文艺父子，正是并称"两晏"的晏殊与晏几道。父子二人承自一脉的细腻多情，因不同的写作背景与性格而产生了不同的情感表达，一个雍容华贵，一个清新深情。"昨夜西风凋碧树。独上高楼，望尽天涯路"，晏殊的《蝶恋花·槛菊愁烟兰泣露》如珠似玉，端庄华丽；"落花人独立，微雨燕双飞"，晏几道的《临江仙·梦后楼台高锁》列松如翠，难改深情。受相似生活背景与家学传承所影响，父子二人写作素材虽极为相近，但写相思、诉衷肠，话景言情，各具风情，难分高下。

除光芒显著的"三曹""三苏""两晏"外，一门学士的现象在文学史中屡见不鲜，比如汉代辞赋家枚乘、枚皋父子，汉代史学家司马谈、司马迁父子，等等。这与封建社会门阀制度的发展密不可分，亦与深厚的家学渊源不无关系，但可以肯定的是，这些大大小小的文学家族为文学传承增加了延续性，对中国文学史有着重要意义和深远影响。

盛唐不敌北宋？为何"唐宋八大家"只有两位唐人

唐朝如一碗清冽的酒，浸透少年意气，打马长街，一日看尽长安花；宋朝似一盏清香的茶，熏醒梦中人，庭院深深，烟柳帘幕无重数。唐时风，宋时雨，两个朝代有着迥然不同的气质风骨与文化取向，却共同润泽着古典文学的土壤。

在中国文学史上，除唐诗、宋词这两朵并蒂之花外，在唐宋时期得以迅速发展的还有散文。唐代的韩愈、柳宗元和宋代的欧阳修、苏洵、苏轼、苏辙、王安石、曾巩八位散文大家，合称"唐宋八大家"。可为何八大家中，只有两位唐人？难道唐朝的散文写作水平敌不过宋朝？这个问题还要从一场轰轰烈烈的古文运动讲起。

唐朝初年，散文写作尚有六朝遗风，文人们偏好书写辞采华丽、讲究对仗的骈文。其中，最有名的要数王勃的《滕王阁序》，其中"落霞与孤鹜齐飞，秋水共长天一色"更被奉为古今写景一绝。唐人对于骈文喜爱非常，尤为推崇，连科举取士都要考验骈文写作。唐代的公文也多以骈文写就，其中夹杂着很多复杂难懂的典故和不必要的修饰，简直就像一种文字游戏，严肃不足且阅读门槛颇高。

唐朝中期，在写作实用派代表韩愈、柳宗元的号召下，古文运动有声有色地推行起来。他们倡导当代文人学习古代散文，在写作中要真实地反映现实，文章应该易写、易看、易懂。这场古文运动很快就得到大量文人的追随，散文也由此得到进一步的发展与创新。

随着历史车轮的前行，古文运动进入了细雨正浓的北宋初年。当时在文学界地位举足轻重的欧阳修，继承了韩愈的古文理论，支持"文从字顺"之精神，大力提倡流畅自然的文风，反对时下流行的华而不实的西昆体诗文。他还提拔、培养了王安石、曾巩、苏轼、苏辙等一代新进作家，并迅速掀起了第二轮古文运动。在众人的不懈努力下，骈文从此渐衰，自然流畅的散文登上了历史舞台。可以说，唐宋八大家的散文各有千秋，但文风始终承自一脉。

那么，唐宋八大家是由谁总结、评选出来的呢？这要追溯到明朝初期，翰林院学士朱右编写了《八先生文集》，编录了这八位文学大家的散文。明中期，儒学大师唐顺之也在《文编》中大量选取了"八大家"的文章。由此，"唐宋八大家"这一称号正式确立，并流传开来。可见，这八位文学家作为古文运动的中心人物，对后世的影响不可谓不深远。

知晓了唐宋八大家的由来，其唐人少、宋人多的原因也就显而易见了。古文运动从唐朝中后期开始，直到宋朝才推行至盛，只有两位唐人入选并不奇怪。论起文学成就，唐宋两朝可谓难分高下，各有所长，还有一定的传承关系，不可简单地从人多人少的角度评优劣、论好坏。细品唐宋，风霜雨雪、悲欢离合与兴衰更替，皆借文人之笔流转于古今之间，唐之繁盛豪放，宋之婉约细腻，如日如月、如山如水，交相辉映、各自灿烂。

汉字书法五种字体中，哪种最常用

　　书法是中华传统文化的瑰宝，字体繁多、蕴含丰富、博大精深，被称为"无言的诗""无行的舞""无图的画""无声的乐"。中国书法艺术和字体设计关系紧密。书法艺术可视为对字体的艺术创作，正因书法家追求书写得简易流畅，文字才逐步得以简化。中国书法在久远的历史发展过程中，形成了独树一帜的民族艺术，一般分为篆书、隶书、楷书、行书、草书五种书体。

　　篆书　大篆、小篆的统称，纯净简约，相较于其他书法形式，较为简单。大篆指金文、籀文、六国文字，它们具有古代象形文字的明显特点；小篆也称秦篆，是秦国的通用文字，由李斯整理，笔法瘦劲挺拔，直线较多，起笔有方笔、圆笔，也有尖笔，手笔"悬针"①较多。篆书字体体式排列整齐，行笔圆转，线条匀净而长，庄严美丽。篆书不易被识别，因此不太常用，但也因结构的美感而得以保留。

---

① 悬针：书法中称竖画的名词之一。凡竖画下端出锋的，其锋如针之悬，故称。

隶书　在篆书基础上，为书写便捷而产生的字体。因袭小篆并加以简化，又把小篆匀圆的线条变成平直方正的笔画，便于书写。效果略微宽扁，横画长而直画短，呈长方形状，讲究"蚕头燕尾""一波三折"。隶书写起来比篆书方便很多，结体扁平、工整、精巧，强调横平竖直、间架紧密，在学术上亦具有极大的价值。隶书起源于秦朝，盛行于东汉时期，对后世书法具有不可小觑的影响力，书法界有"汉隶唐楷"之说，其中的"汉隶"指的就是它。

楷书　也叫"正楷""真书""正书"，由隶书演变而来，更趋简化，横平竖直，端正严谨。楷书写起来比隶书还方便，适应实际生活的需要；楷书至唐代大盛，书法家如颜真卿，以雄健恢宏的气势独树一格，对后世影响巨大。《辞海》说其字"形体方正，笔画平直，可作楷模"。这种汉字字体，就是现在通行的汉字手写正体字。

行书　由楷书的基础上发展而来，介于楷书、草书之间，方不如隶书，圆不如篆书，是楷书的变体，因写起来像人行路，被称为行书。关于行书的起源有两种说法：一种认为乃后汉颍川刘德升所造，另一种说行书是"八分楷法"的别支。行书写起来也很方便，具有行云流水、飘逸易识的艺术表现力和实用性。

草书　形成于汉代，由隶书的基础上演变而来，分为草篆、草隶、狂草等。草书结构省简、笔画纠连，书写流畅迅速，不易识别。五种书体中，草书最具抽象艺术特质，有"书已尽而意不止、笔虽停而势不穷"之妙。历代能草书者，如东晋王献之、唐代怀素以及近代的于右任等，均能乱中有序，别具一格，存字之梗概，损隶之规矩，纵任奔逸，赴速急就。

五种书法字体中，行书应该是最简练、书写速度最快的一种书写方式，也是今人最常用的书写方式。它的笔法简易、书写酣畅，所以古人写手札书信、诗词文稿多用行书，今人写硬笔文稿亦如此。用频较高，精品就多，何况书法神品多出于有意无意之间，所以古今书法名家大手，尤擅行书者最多：王羲之、王献之父子，苏轼、黄庭坚、米芾、蔡襄（合称"苏黄米蔡"），赵孟頫，文徵明，董其昌，王铎，傅山，郑板桥，现当代的沈尹默、启功……不胜枚举。名家云集，成就了行书的极度繁荣。

汉字的五种书法字体各有千秋，把文字的书写发展到了一种审美阶段——融入了创作者的观念、思维、精神，并激发审美对象的审美情感。汉字是中国五千年文明的体现，其发展史也可被视作中国文化的发展史，认识汉字就是认识我们的文化、认清我们的根源，它们都是中华文明中的重要瑰宝。

"书圣"王羲之的《兰亭集序》是怎么写成的

《兰亭集序》是王羲之的代表作。文学方面，遣词优美，情感旷达，是千古绝妙的好文章；书法方面，被誉为"法帖之冠"，被各代名家悉心钻研，《晋书·王羲之传》赞其："点曳之工，裁成之妙，烟霏露结，状若断而还连；凤翥（zhù）龙蟠，势如斜而反直。玩之不觉为倦，览之莫识其端。心摹手追，此人而已！"甚至唐太宗临死前，还嘱咐将其放置墓中殉葬，可想而知《兰亭集序》所展现的书法技艺之绝伦。

王羲之，东晋时期著名书法家，有"书圣"之称，祖籍琅琊（今属山东临沂），后迁会稽山阴（今浙江绍兴），晚年隐居剡县金庭。曾做过右军将军，所以又称"王右军"。其书法兼善隶、草、楷、行各体，精研体势，博采众长，摆脱了汉魏笔风，自成一家，影响深远。

永和九年三月初三（353年4月22日），时任会稽内史的王羲之与名流高士在会稽山阴的兰亭雅集①，饮酒赋诗。这里风景秀

---

① 雅集：专指古时文人雅士吟咏诗文、议论学问的集会。

丽、水波清幽，除了王羲之，在场的还有大司徒谢安、辞赋家孙绰、矜豪傲物的谢万、高僧支道林和王羲之的儿子献之、凝之，侄子涣之、玄之等四十一人。江南三月通常细雨绵绵，而这一天却格外晴朗，崇山峻岭，茂林修竹，惠风和畅，溪中清流激湍，景色恬静宜人。兰亭雅集的主要内容是"修禊"，这是我国流传于民间的一种古老习俗，人们用香薰草蘸水洒在身上，或沐浴洗涤污垢，感受春意，祈求消除病灾与不祥。雅集的另一个项目是流觞曲水，众名士列坐在蜿蜒曲折的溪水两旁，然后由书童将斟酒的羽觞放入溪中，让其顺流而下，若觞在谁的面前停滞，谁就得赋诗，若吟不出诗，则要罚酒三杯。

这次兰亭雅集，有十一人各成诗两首，十五人各成诗一首。大家最后把这些诗汇集起来，公推此次聚会的召集人——德高望重的王羲之写一篇序文，记录这次雅集。于是，王羲之乘着酒兴，用鼠须笔在蚕纸上即席挥洒，心手双畅，写下了这篇被后人誉为"天下第一行书"的《兰亭集序》。此序又名《临河序》《兰亭序》《禊帖》，全文28行，共324字，每个字都像是有鲜活的生命一般，形态洒脱，毫不拘束，正如古人所说："清风出袖，明月入怀。"

序中，凡是相同的字，写法各不相同，如"之""以""为"等，各有变化。《兰亭集序》被历代书法界奉为极品，宋代书法大家米芾也称其为"中国行书第一帖"。王羲之之后也尝试重写，奈何再怎么写，也没有初稿那样的绝伦效果，初稿字体完美，分布合适，增一分太长，亏一分太短，简直出神入化！

除了书法成就,《兰亭集序》也是一篇脍炙人口、文辞优美的散文，借景抒情、以事言志，为历代所推崇，表达了作者乐观豁达的人生态度和超脱生死的人生境界，阐述了深邃的哲学思想，给当时于官场中角逐名利者以思索，给后人以感触，正如文中所说:"后之览者，亦将有感于斯文。"

梅、兰、竹、菊何德何能成了"四君子"

"四君子",是我国古代绘画中的一个传统题材,也是古代画家对梅、兰、竹、菊四种花木的总称。据载,自唐宋起,特别是元代,一些画家常以此为题材作画。起初,将这四种花木描绘在一起,称"四友图"。明万历年间,黄凤池将这四种题材辑成为一本画谱《梅兰竹菊四谱》,被后人誉为"四君",该称谓不胫而走。

中国的文人墨客在一花一草、一石一木中倾注了自己的一片真情,使花木草石脱离或拓展了原有的意义,从而成为感物喻志的象征,这正是源于对这种审美境界的神往。究其原因,不仅因为"四君子"的自然属性呈现出的一种天然美,更重要的是,古人把一种人格力量、道德情操和文化内涵注入其中,通过它们寄托理想,实现自我价值和人格追求。

为什么偏偏是梅、兰、竹、菊这四种植物入选"四君子"呢?自古以来,国人都会将品格高尚之人称为"君子"。而中国古代绘画,特别是花鸟画中,有相当多的作品是以这四种植物为题材的,它们常被文人高士用来表现清高脱俗的情趣:正直的气节、虚心的品质和纯洁的感情，因此，被冠以"君子"之称也就不足为奇了。

梅花凌寒绽放，傲视冰雪，美丽脱俗，幽香四溢，有着不畏冰霜的坚强品格。众所周知，此花耐寒，开得特别早，早春即可怒放，与松、竹一起被称为"岁寒三友"。人们画梅，主要是表现它那种不畏严寒、经霜傲雪的独特个性。据画史载，南北朝已有人画梅，到了北宋，画梅蔚然成风，最有名的当属仲仁。他独创墨梅，画梅全不用颜色，只用水墨深浅加以表现。据说有一次，他看到月光把梅花映照在窗纸上的影子，从中得到启发，便创作出用浓淡相间的水墨晕染而成的墨梅。画家杨无咎以此种画法为基础，又创造出一种双勾法来，使笔下的梅花看上去更为纯洁高雅、野趣盎然。元明以来，梅花越发受到画家们钟爱。元代画梅的大家首推王冕，他自号"梅花屋主"，其水墨梅画一改宋人稀疏冷倚之习，而为繁花密蕊，给人以热烈蓬勃向上之感。王冕的存世名作是一幅《墨梅图》，用单纯的水墨和清淡野逸的笔致，生动传达出了梅花的清肌傲骨，寄托了文人雅士孤高傲岸的情怀，更挥就一首《墨梅》，流传千古：

> 我家洗砚池头树，朵朵花开淡墨痕。
>
> 不要人夸好颜色，只留清气满乾坤。

明清的画梅者举不胜举，如刘世儒、石涛、金农、汪士慎等。从风格看，他们大体继承了宋人的疏冷和元人的繁密两种画风。但要画好梅花，并不是每个人都能做到的，画梅人还必须有画梅人的品格，姑且称为"梅气骨"，即一种高尚的情操和洁身自好的品格，正所谓："画梅须具梅气骨，人与梅花一样清。"

兰花往往生长在幽静偏僻之处，常见于山谷里或角落中。颜色一般比较浅淡，香味也清雅绵长，自有一种与世无争、谦虚文雅的高洁气质。人们画兰花，一般都寄托了一种幽芳高洁的情操。如楚国诗人屈原就以"秋兰兮青青，绿叶兮紫茎，满堂兮美人"一句来咏兰。兰花入画比梅花晚，约始于唐代。到了宋朝，画兰的人多了起来，据说苏轼就曾画过，还在花中夹杂了荆棘，寓意君子能容小人。南宋初，人们常以画兰表示一种宋邦沦覆之后不愿随世浮沉的气节，当时的赵孟坚和郑思肖被同称为"墨兰大家"。元代以郑所南画兰最为著名，寓意也最为明确。据说他坐必向南，以示怀念先人不耻做元朝贰臣；他画兰花，从不画根，就像飘浮在空中一样，问其原因，答曰："国土已被番人夺去，我岂肯着地？"欣赏绘画，也是必须了解历史背景的。而清人画兰，则以"扬州八怪"之一的郑板桥最为知名。郑板桥是注重师法自然之人，他画过盆兰，但尤好画"乱如蓬"的山中野兰。为此，他曾自种兰花数十盆，常在三春之后将其移植到野石山阴之处，使其于来年发箭成长，观其挺然直上之状态，闻其浓郁纯正之香味，因而得出山中兰"叶暖花酣气候浓"的至美品质。

竹子刚一出土，就一直挺立着向上生长，修长而中空，亭亭玉立，节节拔高，任凭四季交替，始终青翠欲滴，象征着正直谦虚、潇洒有节操的君子气度。竹入画大略和兰花相当，也始于唐代。唐玄宗、王维、吴道子等都喜画竹。至五代，闺阁才女李夫人还创墨竹法。传说她常夜坐床头，见竹影婆娑映于窗纸上，乃循窗纸摹写而创此法。宋代，苏轼发展了画竹的方法，放弃了前朝画家的双勾着色法，而把枝干、叶均用水墨来画，深墨为叶面，淡墨为叶背。元明清三朝，画竹名家辈出，只要是山水或花鸟画家，没有不画竹的，而且开始强调竹的整体气势。众多画家中，郑板桥所画之竹堪称一绝。关于画竹，板桥如是记录心得：

> 江馆清秋，晨起看竹，烟光日影露气，皆浮动于疏枝密叶之间。胸中勃勃遂有画意。其实胸中之竹，并不是眼中之竹也。因而磨墨展纸，落笔倏作变相，手中之竹又不是胸中之竹也。总之，意在笔先者，定则也；趣在法外者，化机也。独画云乎哉！

他从竹子千姿百态的自然景象中得到启示，激发情感，经过"眼中之竹"，转化为"胸中之竹"，借助笔墨，挥洒成"手中之竹"，即"画中之竹"。郑板桥存世的作品较多，流传也广，自清代以来，被世人行家所叹佩，成为"人争宝之"的珍品。

菊花在百花凋零的金秋时节开放。细长的花瓣簇拥在一起，迎着秋风和寒霜，体现出不与群芳争艳的恬静和孤傲。菊花入画稍晚，大略始于五代，较之梅、兰、竹，表现菊花的作品相对少得多。据画史载，五代的徐熙、黄筌都画过菊，宋人画菊者极少。元代的苏明远、柯九思也有菊的作品。明清两代画菊的也不多。现有明代吴门画派中最享盛名的画家陈淳的一幅《菊石图》藏于首都博物馆，这是本就较少的画菊作品中的珍品。

梅兰竹菊入画，丰富了美术题材，扩大了审美领域，它们不但本身富有形式美感，且可令人联想起人类的美好品格，既便于画者充分发挥笔墨情趣，又易于文人借物寓意、抒发情感，因此，描摹书写"四君子"之风至今不衰。

这四种植物体现出的精神，正如人间君子一般，正直、无畏、谦逊、文雅，自带感染他人的体质。因此，把梅、兰、竹、菊合称为"四君子"，千古传承，也就不足为奇了。

明明是徽班进京，为什么京剧成了北方的代表剧种

京剧是中国的国粹之一，至今生命力旺盛，还有不少"票友"，业余时间愿意唱上一段，既放松身心，还陶冶情操。京剧还具有魔性的煽动力，听上一段《铡美案》或《智斗》，整个人立刻神清气爽，想要撸起袖子大干一场。

探究京剧的起源，就不得不提徽班进京，毫无疑问，京剧具有南方剧的基因。那么，明明是徽班进京，为什么京剧会成了北方的代表剧种？

京剧的称谓实际上始于民国时期，此前人们叫它"皮黄戏"，对应的是西皮和二黄板式，虽然京剧也吸收了其他剧种的特点，最终却都融合至西皮二黄中，也就是最主要的徽剧与汉剧。

徽剧是京剧的前身。清乾隆五十五年（1790年）起，原在南方演出的三庆、四喜、春台、和春四大徽班陆续进入北京，与来自湖北的汉调艺人合作，同时又接受了昆曲、秦腔的部分剧目、曲调和表演方法，融合了一些地方民间曲调，通过不断相互交流，最后形成了京剧。

由于徽剧不仅能唱二黄调，还能唱昆曲、罗罗腔、梆子腔等，

这给听惯了昆曲的北京人带来了强烈的新鲜感，四喜班、春台班、和春班、三庆班这四大徽班相继进北京后，迅速走红，声势浩荡，给乾隆皇帝演出完毕后，就在北京开班唱戏了。

道光年间，很多湖北艺人也来到北京。他们唱的西皮调有很多梆子腔的特色，使这些湖北艺人很快就能融入四大徽班中来。而此前，北京其实也有吸收了十几个地方剧种特色的京腔。就这样，京腔、徽剧、汉剧结合在一起，组成了一个以西皮、二黄为主的新剧种，就是后来的京剧。

常听人说，京剧之所以成为国剧，是因为诞生于北京，如果首都是其他地方，那国剧指不定就换了呢！其实京剧之所以成为国剧，还真和诞生地没什么关系，而是有其独特的机缘。

我国有三百多个地方剧种，如今已受到地方保护的有两百多个，然而这些剧种无论单独拿出来哪个，都不能跟京剧一比高下。因为在剧目数量、表演程式、影响力、辐射广度等方面，京剧都独占鳌头。

京剧是以南方剧种为基础，针对北方人的喜好而开创的，可以说，京剧的特色中，既有南方的温婉，又有北方的豪爽。在它成长的过程中，不断地受到人们的喜爱，尤其是清朝的一些达官显贵。戏迷里，身份最显贵的当属慈禧太后了。她把剧本当史书读，在宫里设京剧科班，专门培养了一批人改戏、编剧本。在太后的带动下，文武百官也跟着钻研起曲艺艺术来。上有所好，下必甚焉，京剧能不火吗？

京剧的剧目繁多，行当齐全，唱腔优美，做派规范，并且覆盖全国各省份。京剧并不像一些地方戏那样，只重生行旦行，而是各个行当齐头并进，不管是青衣、花旦、老生、小生，还是花脸、丑角，都有很多剧目供他们演出。

京剧名家众多，流派也多，这也是任何一个剧种都无法比拟的，耳熟能详的就有四大名旦、四大须生、四小名旦、四大名伶等，都自成一派，其他剧种就没这么多流派了。

尽管京剧只有两百多年的历史，还是个相对来说比较年轻的剧种，却在这么短的时间内，创造了这么多辉煌，并且将如此多的地方戏都给比下去，能够成为国剧也是当之无愧的了。

生、旦、净、末、丑都是什么行当，唱、念、做、打又是什么功夫

"皓月当空，恰便似嫦娥离月宫，奴似嫦娥离月宫，好一似嫦娥下九重，清清冷落在广寒宫……"这优美的唱词出自"四大名旦"之一梅兰芳表演的京剧《贵妃醉酒》，描述了杨贵妃约唐明皇于百花亭对酌，等待之中获悉他早已去了西宫，遂又羞又怒，借酒消愁的故事。梅兰芳通过动作和唱词、曲调，刻画出杨贵妃由期盼到失望，再到怨恨的复杂心情。此处，梅兰芳担纲的就是旦角。

即便对戏曲做最浅显的了解，也绕不过"生、旦、净、末、丑"这五大行当。京剧中，行当指的就是角色，五大行当指的就是戏曲里人物角色的分类。

生　指扮演男性角色的行当，包括老生、小生、武生、红生和娃娃生。老生主要扮演帝王及儒雅文弱的中老年人；小生主要扮演年轻英俊的男性；武生主要扮演的是勇猛战将；红生专指勾红色脸谱的老生；娃娃生主要扮演儿童。除去红生和勾脸（在脸上画有脸谱）的武生外，一般的生行都是素脸的，即扮相都是比

较洁净俊美的。

旦　指扮演不同年龄、性格、身份的女性角色，分为正旦、花旦、武旦、刀马旦、老旦、彩旦和花衫。正旦也称"青衣"，扮演的多是端庄娴雅的女子；花旦扮演的是天真活泼的少女或性格泼辣的少妇；武旦主要扮演勇武的女性人物；刀马旦扮演擅长武艺的青壮年妇女；老旦扮演的是老年妇女；彩旦扮演滑稽诙谐的喜剧性人物，年龄比较老的也叫"丑婆子"；花衫是综合青衣、花旦、刀马旦的特点发展而成，角色的性格比青衣活泼，又比花旦庄重。梅兰芳、程砚秋、尚小云、荀慧生合称"四大名旦"，将京剧旦行表演艺术大大地向前推进了一步。

净　俗称"花脸""花面"，一般都是扮演男性角色。净行可分为正净、副净和武净。正净，也叫"大花脸"，扮演地位较高、举止稳重的忠臣良将；副净，也叫"二花脸""架子花脸"，大多扮演性格粗豪莽撞的人物；武净，也称"武花脸"，扮演以武打为主的角色。

末　传统川曲角色行当，扮演年纪较大的男性。京剧中将末归入老生行，末角也已逐渐成为生行的次要角色。京剧形成之初，确实有"末"这一行，且由专攻末行的演员来出演。但因为末与衰派老生非常相近，后来一些擅演老生的演员兼演末戏，二者的界限被打破，末就并入了生行。

丑　又叫"小花脸""三花脸"，因为丑行化装时会在鼻梁上抹一小块白粉，便以"丑"为名；又因和净行的大花脸、二花脸并列，所以丑行又称"三花脸"。丑行包括文丑和武丑：文丑扮演伶俐风趣或阴险狡黠的角色；武丑扮演精明干练、风趣幽默的豪杰义士。

理解了五大行当，再说说什么是"唱、念、做、打"。

"唱、念、做、打"其实是戏曲表演的四种艺术手段，也是戏曲演员的四项基本功，合称"四功"。"唱"与"念"指歌唱与念白，"唱"考验的不仅是演员的嗓子，还有正确的读音与发音方法，要求其扩大音域、音量，锻炼耐力与音色，增加表演时的感染力；"念白"是戏曲中表达人物思想感情的重要手段，讲究抑扬顿挫的节奏感或者接近生活的语言，从而使情节清晰、感情渲染到位；"做"与"打"指戏曲中的肢体语言，"做"指舞蹈化的形体动作，这些动作可以表现人物想要展现的行为；"打"是对格斗场面的艺术性提炼，精彩的打斗动作能展现人物的精神气质，有助于刻画人物，推动剧情发展。这四者互相补充、相互结合，共同构成戏曲表演中的基本内容。

可以看出，戏曲表演大有学问。其实，它并不像我们想象的那样枯燥难懂，理解了这些基础知识，是不是有了回家陪爷爷奶奶、外公外婆一起听戏、看戏的兴趣了？

"五音不全"和"荒腔走板"说的可是一回事？

朋友聚会的时候，一到唱歌环节，就会有人说："哎呀，我可不会唱歌，五音不全！"抑或表演者上台前，身边的人都会嘱咐："别慌，正常发挥，可别荒腔走板了。"这两个同是与音乐有关的词语——五音不全和荒腔走板，它们说的可是一回事？不妨分别看一下。

什么是"五音不全"？

熟悉点音乐的人都知道，现在的音节是七个，明明是"七音"，怎么能是"五音不全"？是丢了其中的两个，还是有两个音每个人都是全的？

这就要先说说"五音"的概念。中国是个文明古国，音乐的发展也有悠久历史，但古乐曲是五声音阶，同西方有别。如用西乐的七个音阶对照一下的话，古中乐的"五音"相当于"do、re、mi、sol、la（哆、来、咪、梭、啦）"，少了半音递升的"fa（发）"和"si（西）"。当然，古中乐的五音唱名不可能同西乐的叫法一样，唐代时用"合、四、乙、尺、工"，更古的则用"宫、商、角（jué）、徵（zhǐ）、羽"。如果稍加留意会发现，正宗的中国古乐曲是没有"fa""si"两个唱名的。如江北小调《茉莉花》，即古曲之一，全曲若用唱名哼出，只有"do、re、mi、sol、la"，全无"fa、si"两音；我国著名的古曲、岳飞词的《满江红》也是此种情况。

五声音阶是中国古乐基本音阶，故有成语"五音不全"，泛指缺乏音乐感或是在吐字发音方面存在的缺陷。五音不全的原因是先天性的，并不是我们平常说的走调或跑调，跑调可以纠正，而五音不全很难完全纠正过来。

还有一种解释：中华民族演艺圈子里，常听到有人会说某些人因为"五音不全"而不适合学习这门艺术，但这个"五音不全"不是"宫、商、角、徵、羽"这五音的乐感缺失，而是"唇、齿、鼻、喉、舌"这五个发音部位的机能不健全。比如有些人对于"牛""刘"这两个字的读音不能区分，或是把"男女"读成"褴褛"，就是舌音和鼻音机能缺失所致。这种"五音不全"大部分可以通过专业的语言训练来逐渐纠正。

那么何为"荒腔走板"呢？

荒腔，亦作黄腔、黄调或凉调，京剧声乐名词。

板，板眼。民族音乐和戏曲中的节拍，每小节中最强的拍子叫"板"，其余的拍子叫"眼"。

明代沈德符的《野获编·词曲·弦索入曲》有云："若单喉独唱，非音律长短而不谐，则腔调矜持而走板。"我们知道，演唱传统戏曲常以鼓板击节拍。强拍击板，次强拍或弱拍则以鼓签轻敲小鼓或以手指击拍。演唱时必须合板合眼，才能与伴奏配合得当，不合板眼谓之"走板"，也称"丢板"。

"荒腔走板"原意是指演员唱曲音调不准、不合板眼，习惯上专指略低于调门的变音，大部分都是由于演员先天生理条件所造成，如声带变异、耳音不准等，有时也由于练声不得法所致。现多用来比喻说话离题或举动超出适当尺度，是不折不扣源自戏曲的成语。

可见，"五音不全"和"荒腔走板"看似表意雷同，细品差异还是蛮大的，使用时还须分清情况，避免混淆。

肆

生活　活好
静　好

"文房四宝"你备齐了吗

"工欲善其事，必先利其器。"自古以来，中国的文人墨客最不可或缺的"利器"莫过于"文房四宝"。

文房，指书房；文房四宝，则是对书房中的笔、墨、纸、砚四种文具的统称。

中国书法使用的笔主要是指毛笔，一般是用羊毫、黄鼬尾毛或野兔毛集中束起后，装在细细的竹管或木管里制成的。这些原料毛一般都比较柔软、有弹性，蘸墨后会产生毛细作用，若用力在纸上着墨，则墨汁下流，显色较重，笔尖稍稍上提，墨汁就会含在笔毫中，色泽与笔迹较浅。这种毛细作用就是因为上百根毛集中束在一起而形成的。

中国毛笔诞生和发展的历史悠久。早在五六千年前的新石器时代，我国就已出现毛笔的雏形。从出土的殷墟陶纹残片以及甲骨文上的红黑墨色字迹推断，商朝后期毛笔就已作为书写工具了。秦统一全国后，"笔"这一名称才正式确定下来。也就是此时，秦人蒙恬在前人发明的基础上，经过进一步加工，使毛笔的制作工艺更加完善。在此后长期的应用和改良过程中，制笔工艺愈加精良，品种也逐渐繁多。到了 4 世纪，我国的制笔工艺有了长足的进步，毛笔的性能也更便于书法家挥洒自如，既能表现出笔画的细微变化，又能写出饱满苍劲的墨迹，且笔毫能够保持圆锥状，便于向各个方向用力自如地接触纸面，并能保持弹性和柔韧性，耐用程度大大提高。

毛笔中的上品要数发源于我国浙江省吴兴县善琏镇的湖笔和产于安徽省宣城地区泾县的宣笔。湖笔因产地在湖州而得名，至今已有千余年的历史，与赵孟頫的字、钱舜举的画，被人们誉为"湖州三绝"。宣笔的历史也很久远，当代书法家林散之曾赞道："人人都爱湖州笔，岂料泾城笔亦佳；秋水人池花人座，斜笺小草兴无加；新制几支初试手，尖圆齐健足堪夸；谁谓今人不如古？蒙恬自是后生家。"

再来说与指南针、火药、印刷术并称"中国四大发明"的纸。千百年来，人们一直认为纸是由东汉蔡伦发明的，对此《后汉书》有着明确的记载。但从 20 世纪下半叶开始，陕西、甘肃两省陆续出土了西汉时期的古纸，其质地比较粗糙，结构也很松散，却说明早于东汉时期，中国就已经有了由植物纤维制成的真正意义上的纸了。

古时的纸主要指宣纸。宣纸的产生距今已有一千五六百年的历史了。明清是宣纸的极盛时期，尤以出产于安徽省宣城地区的为最佳，因此而得名。这种纸的原料以青檀木和稻草为主，其纤维经过石灰处理、日光漂白、打浆后，以手工制造而成。宣纸的质地洁白、细致、柔软，拉力大、不易被蛀蚀、久藏不变色。它的吸水性极强，墨液在纸上能呈现出各种神采。若是笔上蘸有的墨液较稀，写字的速度稍慢，笔画中间部分的墨色就比较浓，而笔画外侧的墨汁则会慢慢向外扩散，形成浅色，层次感即现。若是用毛笔轻蘸墨汁，特别是较浓的墨汁，写字时行笔较快，便会形成中间露有白丝的线条，这种线条被人们称作"飞白"。很多文人写到最后一笔竖画时，常有意将其拉长，这绵长的笔迹犹如"飞流直下三千尺"的瀑布，为整幅书法增添了气势和趣味。

墨和砚是一对形影不离、相辅相成的工具。用于书法和绘画的传统墨汁也很特别，是用一块长方柱形或圆柱形的墨锭，在砚台里用水调和、磨制而成。制作墨锭的原料是桐油烟、煤烟或松烟，再加上动物胶和香料，虽具一定黏性，写起字来却十分顺畅，且不易褪色。千百年前用其写成的书法佳作流传至今，墨色浓郁一如当初。

墨的应用历史可追溯至远古。西安半坡村考古发现的约五千至七千年前的新石器时代遗址中，发掘出许多陶器，上面有红、黑、白、灰四色墨迹，可见碳墨在当时已用于工艺制作了。今人写毛笔字时，使用的多是厂家调制好的瓶装墨汁，用起来省时又简便。不过许多书法爱好者在有条件的情况下，还是喜欢用墨锭在砚台里磨制墨汁。磨墨被其视为一种乐趣，一种修身养性的活动。磨墨的同时，人们也能为如何写好一幅字进行充分的构思。

与墨亲密相依的砚，也称"砚台""砚池"等。比较好的砚台，其石质坚润细腻，磨出的墨既浓且润。众多砚台品类中，以产于广东肇庆端溪的"端砚"为最佳，用它磨出的墨汁均匀细腻、无杂质，且砚质不粗糙，随笔旋转而不损毫。

砚出现在 3—4 世纪，即开始使用墨丸和墨锭之后。不过，最初的研磨器出现得很早，那时的砚台是用于研磨颜料以及食物的。这种研磨器最早出现于六七千年前，出土时仍旧完好如初。3 世纪后的砚台出土甚多，说明当时用砚的现象已很普遍。许多古砚是精雕细琢而成，有的砚身上还刻着龟、琴等形象，被称作"龟砚""琴砚"，造型美观。

笔、墨、纸、砚这"四宝"，在中国书画史上各自发挥着独特功能，又彼此紧密地结合在一起，是古时文人墨客挥毫创作的必备工具，也为我们留下了数不胜数的文化瑰宝。

围棋是"国棋"，别称知多少

山僧对棋坐，局上竹阴清。

映竹无人见，时闻下子声。

这是唐代诗人白居易所作《池上二绝》中的一首，竹林中两僧人对弈，周围一片幽静，棋子的声音清脆如仙乐，尽显竹林和棋者内心的安谧之美。

作为中国传统四大艺术"琴棋书画"之一的围棋，据说是上古时代的尧帝发明的。尧有一子，名叫"丹朱"，小时候是个顽皮的淘气包。为使儿子能坐得住，尧发明了一种石子游戏教他玩，儿子一下子就着了迷，再也不去外面疯玩胡闹了，仿佛一夜间换了个人，变得很安静。这种游戏，就是围棋的雏形。

围棋又被称作"国棋"，不仅因为其历史悠久，起源和长期发展皆在中国，更因它具有很重要的文化价值——深受儒、道等传统思想理念的影响。围棋可以对应"五常①"。将战场上的杀伐

---

① 五常即仁、义、礼、智、信，是儒家所提倡的做人的道德标准。

化入棋内，是"仁"；棋子之间相互配合，甚至舍小就大、弃子争先，是"义"；比赛时风度翩翩，是"礼"；对局中落子无悔，是"信"；至于"智"，更是不言自明。此外，儒家的"中庸之道"在围棋中也有很好的体现，所谓"不偏之谓中，不易之谓庸"，就是恰到好处。围棋的圆形棋子、方形棋盘含有"天圆地方"的思想。同时，围棋中也充满了辩证法，虚与实、攻与守、进与退乃至实地与外势，无不对立又统一。在这种二元对立的矛盾中寻找一个合适的平衡点，是棋者智慧恰到好处的体现。

围棋蕴含古代哲学中一元生两仪、两仪生四象、四象生八卦、三百六十周天之数等含义，其变化丰富、意蕴深远、魅力无穷。行棋规则也非常简单，黑白两方，执黑先行，至对方无子可落，以占领棋盘面积较多的一方为胜，但真正下起来却不是那么回事儿。下法变化多端，极为复杂，但这也是围棋的魅力所在。下棋时间不做规定，一下一两天也稀松平常。

围棋在古代称"弈"，下围棋又称"对弈"。《论语·阳货》中有"饱食终日，无所用心，难矣哉！不有博弈者乎？为之犹贤乎已"，其中的"弈"就是最早用以描述围棋的字眼，后在《说文解字》《孟子》等典籍中，也出现"弈"代指围棋的情况，先秦诸多著作中，"弈"也是屡见不鲜。显然，这一点早就成为人们的共识。

围棋还有很多别称，首先是"手谈"。下棋时，对弈双方均需默不作声，仅靠一只手的中指和食指运筹棋子，在棋盘上斗智斗勇。其落子节奏的变化、放布棋子力量的大小等都可反映出当局者的心理动作，如以手语交谈一般。其次是"坐隐"。东晋名士王坦之把弈者正襟危坐、运神凝思时喜怒不形于色的神态比作僧人参禅入定，故又称围棋为"坐隐"。最后是"方圆"。自盘古开天辟地就有"天圆地方"之说，围棋棋盘为方在下，棋子为圆在上，故名"方圆"。这些别称的内涵丰富，演变的不只是名字，还有背后的文化。

围棋作为以小见大的博弈游戏，历来青睐者颇众，甚至远传海外，尤其在日韩这样的东方国度受到热捧。弈者依照各自的人生观、世界观赋予了围棋各种意义，使之在中华文化体系中居于特殊地位，这很大程度上缘于围棋不仅是考验智力的竞技游戏，更积蓄了深厚的文化意蕴。

"楚河汉界"怎么画到象棋棋盘上了

　　象棋是一种起源于中国的带有对抗性的棋类游戏，有着非常悠久的历史，因其用具简单、趣味性强，成为流传极为广泛的一种棋艺活动。中国象棋的棋盘中间，写着"楚河汉界"四个大字。为何这四字会成为对峙双方的界限呢？这就要从一个著名的历史事件——"楚汉相争"说起。

　　秦朝灭亡后，无数勇士为了争夺天下，纷纷组织起自己的队伍。当时实力最强的两支队伍，一支是刘邦率领的汉军，另一支是项羽率领的楚军。可以说，二人之中谁能取得最终的胜利，谁就能统一国家称帝。楚汉双方多次交战，始终旗鼓相当，难分胜负。

　　"楚河汉界"是荥（xíng）阳（今河南省荥阳市）大河龙洲湾广武山上的一道鸿沟，沟口宽约八百米、深达两百米，以其险要地形成为当时的军事要地，也是刘邦抵抗项羽大军的重要屏障和堡垒。公元前205年，刘邦在楚国的都城彭城大败后，只得退守荥阳，以这道鸿沟与项羽对峙。

　　公元前204年，楚军包围荥阳，全力发动攻势，多次切断了交通要道，使得汉军粮草不继，陷入恐慌。危急之下，刘邦试图和项羽讲和，项羽听从谋士范增的意见，拒绝与刘邦讲和。后来，刘邦采纳了陈平的反间计，派遣奸细散布流言，使项羽猜忌范增，离间二人的关系，致使范增愤然离去，还未回到彭城，就病亡途中。

后来刘邦又以纪信做掩护，令其假扮刘邦，从荥阳东门出城，被楚军发现并烧死。刘邦趁机从荥阳西门出，逃回关中，走前命令汉将周苛留守荥阳。回到关中后，刘邦得到大批秦人，军队实力大增。

当时，项羽把守卫成皋（gāo）的重任交给曹咎，并叮嘱他说："一定谨慎防守成皋。如果汉军挑战，千万小心，不要应战。"汉军果然屡次向楚军挑战，楚军不肯出战。汉军派人辱骂了楚军五六天，曹咎十分气愤，中了刘邦的计，遂率军出城，渡过汜水，与汉军交战。士卒刚渡过一半，汉军大举出击，完败楚军，缴获了楚军的全部粮草与装备。大司马曹咎、塞王司马欣、狄王董翳（yì）都觉得没脸见项羽，自刎于汜水上。

项羽听闻，马上出兵援救，为逼迫刘邦认输，把俘获的刘邦父亲放到一个很高的砧板上，威胁刘邦，若不投降就煮了刘太公，没想到刘邦却答："我曾和你一起接受怀王的命令，结拜为兄弟，我的父亲就是你的父亲，你如果真的要煮杀你的父亲，也分我一碗羹吧！"项羽听闻此话后，恼羞成怒，真的要把太公杀掉，因项伯的极力劝阻，刘太公才得以幸免。

此后，楚汉两军长期僵持，胜负未决，年轻力壮的士兵苦于打仗，年老体弱的士兵又疲于转运粮食，天下苦战久矣。两军在荥阳一带，隔着鸿沟对峙，刘、项也隔着鸿沟对话。

刘邦闭城不应战，却派彭越带兵驻扎梁地，来来往往地骚扰楚军，断绝其粮草；又派韩信率军断绝楚军的退路，攻占了河北、山东一带。长此以往，楚军的粮食越来越少，不得不和汉军讲和。此时的汉军也无力完全消灭楚军。于是，刘、项订立盟约，双方停战，以鸿沟为界，平分天下，鸿沟以西是汉军的地盘，以东则属于楚军。至今，在荥阳广武山上还保留有两座遥遥相对的古城遗址，西边那座叫"汉王城"，东边的叫"霸王城"。

这就是我国古代战争史上著名的"楚汉相争，鸿沟为界"。象棋棋盘上的分界线，正是借用了这个典故，"楚河汉界"指的就是那条被当作界线的鸿沟。

象棋比赛中，整个棋盘以"楚河汉界"分为相等的两部分。象棋棋子共有三十二个，分为红黑两组，由对弈的双方各执一组，各十六个。比赛的目标，即所谓"战争"，便是以捉拿另一方的将、帅为目的，可是将、帅却不见面。象棋博弈的这种规则，承袭的便是"楚汉相争"这一僵持的历史事件所体现的文化精髓。

唐三彩、青花瓷、景泰蓝，谁能代表中国工艺品的最高境界

　　唐三彩是中国古代陶瓷烧制工艺的珍品，一种盛行于唐代的低温铅釉的彩釉陶器，全称"唐代三彩釉陶器"。之所以称为"三彩"，是因其在色釉中加入了不同的金属氧化物，经过焙烧，形成浅黄、赭黄、浅绿、深绿、天蓝、褐红、茄紫等多种色彩，多以黄、褐、绿三色为主。色釉有浓淡变化，呈现互相浸润、斑驳陆离的效果，在色彩的相互辉映中，尽显堂皇富丽的艺术魅力。唐三彩的器物形体圆润、饱满，与唐代崇尚的丰满、健美、阔硕等艺术特征一脉相承。其种类繁多，主要有人物、动物和日常生活用具等。人物和动物的比例适度，形态自然，线条流畅，生动活泼。人俑中，武士肌肉发达，怒目圆睁，剑拔弩张；女俑则高髻广袖，亭亭玉立，悠然娴雅，丰盈富态。动物则以马和骆驼为多。

　　唐三彩是唐代陶器中的精华，在初唐、盛唐时达到高峰。安史之乱后，随着唐王朝的衰落以及制瓷业的迅速发展，三彩逐渐式微。后又产生了"辽三彩""金三彩"，但在数量、质量以及艺

术性方面，都远不及唐三彩。早在唐初，三彩就输出海外，深受异国人民的喜爱。作为釉陶的代表，它还影响了后世的陶瓷技艺，可惜在唐之后，却辉煌不再。唐三彩因其胎质松脆、防水性能差，实用性远不如当时已经出现的青瓷和白瓷，后主要作为明器，用于随葬，属于它的时代渐渐落幕。

青花瓷，又称"白地青花瓷"，简称"青花"，中华陶瓷烧制工艺的珍品，属釉下彩瓷。青花瓷是用含氧化钴的钴矿为原料，在陶瓷坯体上描绘纹饰，再罩上一层透明釉，经高温还原焰一次烧成。钴料烧成后呈蓝色，具有着色力强、发色鲜艳、烧成率高、呈色稳定的特点。原始青花瓷于唐宋已见端倪，成熟的青花瓷则出现在元代景德镇的湖田窑。明代青花成为瓷器的主流，清康熙时发展到顶峰。有清诗《陶歌》为证："白釉青花一火成，花从釉里透分明。可参造化先天妙，无极由来太极生。"明清时期，还创烧了青花五彩、孔雀绿釉青花、豆青釉青花、青花红彩、黄地青花、哥釉青花等衍生品种，异彩纷呈。

就形式而言，青花瓷画突破了宣纸等介质的束缚，在光滑有弧度的瓷胎上再现水墨画的精髓，赋予了瓷器和国画崭新的魅力，展现出灵动率真的审美内涵。就内容而言，青花瓷画所表现的内容更为丰富，且提升了中国水墨画再现生活的效果。青花之美不仅风靡了中国，同样震撼了世界。

景泰蓝，又名"铜胎掐丝珐琅"，制造历史可追溯到元朝，是在西亚珐琅艺术"佛朗嵌"传入后，与我国青铜、玻璃、釉料、陶瓷、掐焊丝镶嵌、金银器等多门技艺高度发展的基础上，经历代能工巧匠培养出来的艺术骄子——高级金属手工艺器。明代景泰年间（1450—1457年）最为盛行，因当时多用蓝色，故名"景泰蓝"。景泰蓝以紫铜作坯，制成各种造型，再用铜丝掐成各种图案，内填充珐琅釉，经烧制、磨光、镀金等工序制成。景泰蓝从诞生之日起就是御用物品，数百年来始终被视为重器，以彰显皇威、帝尊。一如母体艺术——青铜器，景泰蓝一面充当着礼器和祭器，一面又被皇家认定为宫廷日常生活之必需品，这既形成了景泰蓝富有帝王之气的内质与形貌，也反映出它的社会地位和崇高荣誉，被列至金银器之上，足见其与生俱来的艺术之光。

景泰蓝的应运而生犹如魏晋时期的书法艺术，堪称我国金属工艺的一次觉醒，工匠的艺术修养、智慧的积淀以及勤善工事，使景泰蓝成为当之无愧的艺术珍品、中华国粹，是传统工艺美术史上的一次瑰玮革命与创举，始料不及地影响了中国文化艺术的发展进程。

综上，唐三彩、青花瓷、景泰蓝都代表了我国工艺品在不同时期的最高水准，无论是鼎盛时期的风华正茂，抑或式微之际的明日黄花，都是值得我们骄傲的工艺珍品。

古筝古琴不分伯仲，琵琶和阮各显风情

> 银瓶乍破水浆迸，铁骑突出刀枪鸣。
>
> 曲终收拨当心画，四弦一声如裂帛。

唐代大诗人白居易在贬谪路上，偶遇一位来自长安的琵琶女，二人身份地位虽差距极大，却同为天涯沦落人，难免生出几分知己之情。白居易以诗相赠，琵琶女以曲相和，传为千古佳话。

琵琶音色清脆，如珠玉坠落玉盘，且弹奏时仪态优雅，因此一向受到古代文人墨客的喜爱，琵琶也被列为中国弹拨乐器之首。其实，"琵"与"琶"原指两种不同的弹奏手法，琵是右手向前弹，琶是右手向后挑，合在一起便是弹奏琵琶的主要手法。唐朝是琵琶发展的顶峰时期，上自皇家乐队，下至民间乐坊，都少不了琵琶，还出现了专门教习琵琶演奏技艺的教坊。

唐时，琵琶除娱乐作用外，还是军中的传令乐器。王翰曾作《凉州词》："葡萄美酒夜光杯，欲饮琵琶马上催。醉卧沙场君莫笑，古来征战几人回？"琵琶清越，声如裂帛，除带给人们美的听觉享受外，急弹之下更给人以激荡之感。自清代流传至今的古琵琶曲《十面埋伏》，刻画的正是刘邦与项羽垓下之战的场面。

在漫长的琵琶发展史中，还出现了一种特殊的长颈琵琶，也就是阮。阮，又称"阮咸"，与一般的曲项琵琶不同，样子更像今天的月琴。西晋时期，"竹林七贤"之一的阮咸拥有极高的音乐天赋，尤其善弹这种长颈琵琶。唐代，有人从阮咸墓中发掘出长颈铜制琵琶一件，便以"阮咸"为其命名，简称"阮"。阮与琵琶的最大区别便在于长颈与曲颈，而这一结构的差异更造就了音色的不同，琵琶音色清远，阮则稍显低沉。

与琵琶和阮的情况相似的，还有古琴和古筝。古琴，又称"瑶琴""七弦琴"，是中国传统拨弦乐器，有三千年以上的历史，相传由伏羲所造。古筝又名"汉筝""秦筝"，出现自秦汉时期，后逐渐流行于中国各地，被称为"众乐之王""东方钢琴"。古琴与古筝最明显的区别在于弦数，顾名思义，古琴有七根弦，而古筝多为十三弦。所以，从外形上看，古筝比古琴大了不少。古琴比古筝出现的时间足足早了一千多年，算得上是古筝的"前辈"了。春秋时，孔子推崇君子六艺，包括礼、乐、射、御、书、数，而古琴就是乐的必修课。两相比较，古筝弦数多，学习难度大，而古琴讲究意境，演奏难度高。

无论是古琴与古筝，还是琵琶与阮，都是历史悠久、极富情韵的传统中国乐器，虽然出现的时间略有早晚，但实在难分伯仲，只能说是各有千秋，各显风情。

蹴鞠的魅力：C罗穿越到宋朝能否与高俅一较高下

要知道，古人的体育活动也是丰富多彩的。如今风靡全球的足球运动，其实很早就在中国出现了。古人把这种球叫作"鞠（jū）"，而把踢球这种娱乐活动叫作"蹴（cù）鞠"。蹴就是"踢"的意思。

相传战国时期，赵国国力弱小，动不动就会被周边国家一顿"胖揍"。赵武灵王继位后，励精图治，变法革新，大力推行胡服骑射，赵军由此战斗力大增，国力日盛。一日，赵武灵王又带着侍卫们骑马出游，在树林中发现一只野兔。赵王突然兴起，令手下活捉野兔。于是大家兵分多路开始抓兔子，谁承想，围攻之下的兔子灵活异常，竟然令众人束手无策。但是大家兴致不减，玩得不亦乐乎。这时，一名手下灵机一动，既然这个游戏这么有趣，不如找个别的东西代替兔子，如此，不出宫门也能每日玩耍了。就这样，这个游戏一传十、十传百，经过不断演化和各诸侯国的改进，终于在繁华富庶的齐国故都山东临淄，足球的前身——蹴鞠诞生了。

最初，蹴鞠用的球是实心的，最外层是以动物的皮革缝制而成，里面填充上毛发，没有弹性，形状也不是很圆，类似于现在的橄榄球。汉代和三国时期，蹴鞠作为一项运动，得到了极大的发展。人们发明了一人踢一球、一人踢两球、两人边击鼓边踢球等表演性的蹴鞠活动，动作方面也出现了用脚踢球、用膝盖顶球、在脚上停球以及后勾等花样，娱乐性和观赏性大大增强了。此外，民间也出现了专门的比赛，蹴鞠越来越像现代的足球运动了。唐代以后，充气的空心球代替了实心球，使用起来更加便利，这种球用猪或牛的膀胱做球心，充气后，外面再包上牛皮，弹性很好，而且球的外表是用十二块修剪过的五边形软牛皮缝制的，形状更圆，更好踢。蹴鞠比赛的规则也逐步完善起来。有趣的是，当时的球门不是设置在地上的，而是在球场上竖起两根高高的杆子，把一个比球略大的环固定在空中，这个环被称为"风流眼"，球员要把球准确地踢过这个环，才能得分，双方以射入"风流眼"次数多者为胜者。此时的蹴鞠比赛更加注重技巧性，观赏性也大大增加。

除作为一种娱乐活动外，蹴鞠还常被用作军事训练。士兵们一起蹴鞠，以锻炼身体素质，提高行军打仗的能力和技巧。随着蹴鞠运动在民间的普及，百姓几乎人人会踢，就连女孩子也忍不住加入游戏的行列。无论贵族还是平民，蹴鞠都能给人们带去无限的乐趣。

关于蹴鞠还有哪些好玩的故事呢？

西汉时期，有一位"超级球迷"，名叫项处。在他患病期间，医生百般叮嘱他不要过度劳累，但他不听，偏要外出踢球，结果不幸吐血身亡。这应该算是世界上有史可查的第一位狂热球迷了吧！

宋代，我国还诞生了历史上第一位"超级球星"——高俅，其地位放到今日来说，不逊于国际球星梅西或者 C 罗。高俅凭借"拐子流星""双龙出洞"等高超的蹴鞠绝技，备受宋徽宗的青睐，一路平步青云，官至太尉。不过，他可是一个误国误民的大奸臣，我们在蹴鞠技艺上给予他高度的肯定，但在为人为官的层面却只能对他投去深深的鄙夷。至南宋，我国还出现了第一个类似于足球俱乐部的民间团体——"齐云社"，也称"圆社"。

古时的寒食节，从民间到皇宫都有禁烟火、吃冷食的习俗，还要郊游或参加一些文体活动以消除寒食带来的积滞。蹴鞠就是当时的节日风俗之一。王维的《寒食城东即事》诗描绘的就是此俗：

> 清溪一道穿桃李，演漾绿蒲涵白芷。
> 溪上人家凡几家，落花半落东流水。
> 蹴鞠屡过飞鸟上，秋千竞出垂杨里。
> 少年分日作遨游，不用清明兼上巳。

诗中描写了高超的蹴鞠技巧，可以玩出各种花样。男儿们此时不免要炫耀其身手，"蹴鞠屡过飞鸟上"，可见踢球之高；而女子们则打扮入时，"秋千竞出垂杨里"，有如飞仙一般，吸引了众多少年的目光。杜甫在《清明》中也说："十年蹴鞠将雏远，万里秋千习俗同。"说明我国各地很早就有蹴鞠活动的习俗。直到清朝，西方的现代足球传入中国，古老的蹴鞠才渐渐被取代，但踢球带给人们的乐趣却古今如一。

蹴罢秋千，为什么不是春千、夏千、冬千

"蹴罢秋千，起来慵整纤纤手。露浓花瘦，薄汗轻衣透。"荡完秋千，薄汗沾湿罗衣，慵倦地起来整理一下纤纤素手——李清照的这首《点绛唇》将少女的灵动与娇憨描绘得淋漓尽致。从这首清新的小词中，也可知晓秋千在宋代已是寻常人家常见的一项属于女眷的游戏用具。那么，"秋千"之名是否和秋天有关呢？难道古代荡秋千还是秋季限定游戏？想弄清这个问题，就要先了解一下秋千的由来。

秋千的历史相当悠久，可追溯到上古时代。那时，人们主要以采摘野果和捕猎野兽为生，经常需要攀爬和奔跑。在此过程中，人们渐渐学会了抓住粗壮的藤蔓植物，依靠藤条的摇荡摆动上树或跨越沟壑，这就是秋千的雏形。

春秋时期，秋千作为一种竞技项目，从少数民族地区传入中原。《艺文类聚》载："北方山戎，寒食日用秋千为戏。"说的就是北方的山戎人会在寒食节表演秋千技艺。由此可见，秋千的由来不仅与秋天关系不大，反而和春天的寒食节颇有渊源。这一时期，荡秋千可以算得上是一种惊险刺激的极限运动了，模样也和

我们今天看到的不大一样，通常会悬挂在更高的树上，多以结实的兽皮、木架制成。因此，最开始的秋千写作"鞦韆"，其中的革字旁就代表制作秋千的材料。

汉代起，秋千逐渐在宫廷和贵族间流行起来，此时，经过改良，秋千变得更适合女孩子玩耍。汉武帝时期，宫娥们结伴荡秋千甚至成为一时盛景，唐人高无际在《汉武帝后庭秋千赋》中写道："秋千者，千秋也。汉武祈千秋之寿，故后宫多秋千之乐。"因女子身穿罗裙，坐在秋千上，荡起时暗香浮动，身姿袅娜如月宫仙子，因此唐朝宫廷还把荡秋千称为"半仙戏"。

唐宋时期，随着经济的快速发展，人们开始追求精神娱乐。秋千因建造简单、容易操作等特点很快在民间盛行开来，深受大众的喜爱。

随着秋千的普及，最早的与寒食节有关的意义反倒逐渐被人们淡忘，只有春日荡秋千的习俗留了下来。或许也是因为春日花枝繁盛、暖风习习，十分适合荡秋千吧！清代诗人郑板桥就以蹁跹的蝴蝶比喻在三月春景中荡秋千的女子："五色罗裙风摆动，好将蝴蝶斗春归。"

总的来说，秋千的"秋"并非意指秋天，只是因文字的简化而造成的巧合罢了。

踢毽子：雕虫小技，千古不衰

杨柳活、抽陀螺，杨柳青、放空钟（抖空竹），杨

柳发，打尜尜，杨柳死、踢毽子……

以上歌谣摘自明代的《帝京景物略》，讲述了时人一年四季进行的民俗活动，其中的"杨柳死、踢毽子"，说的是杨柳凋零了，天气凉了，该踢毽子。宋代高承的《事物纪原》也记载："今时小儿以铅锡为钱，装以鸡羽，呼为毽子，三五成群走踢，有里外廉、拖枪、耸膝、突肚、佛顶珠、剪刀、拐子各色……"这里的"毽子"便是现在的毽子。踢毽子的乐趣看似简单，却难以言喻。

踢毽子是我国民间的一项传统体育游戏，被誉为"生命的蝴蝶"。古时，它是"杂伎""杂戏""博戏""百戏"的一种。据史料记载和出土文物佐证，毽子源起汉代，盛行于唐宋，在民间流传极广，集市上还出现了专门制作出售毽子的店铺，明代还有正式的踢毽比赛，清代达到鼎盛，技艺也愈发娴熟，为妇孺所喜爱。清初著名词人陈维崧曾赞：女子踢毽比踢足球还巧妙，比下棋还有趣味。

在古代，制作毽子先要用一块柔软的皮革包住一个重一点的铜钱，然后把一个皮管垂直缝在上面，管中插入几根长一点的鸡毛（中间插绒毛，周围用翎毛装饰），这样的毽子叫"鸡毛毽"。还有一种毽子叫"纸毽"，是将纸裁成条，再插入铜钱的方孔中即可。花毽的装饰性最强，使用的羽毛品种繁多，包括鹅毛、鸡毛、鸵鸟毛等。

毽子的踢法极多，基本踢法主要有"盘、拐、绷、蹬"四种，用脚内侧踢为"盘"，用脚外侧踢为"拐"，用脚面踢为"绷"，用脚掌踢为"蹬"。传统踢毽子对场地要求不高，只需比较平坦的空地，五六平方米、三四平方米均可，越是技艺高者对场地的要求越宽，室内外均可进行，娴熟高超的技巧往往能获得现场观众的连连叫好。

我国历史上，踢毽子还是一种年节岁时活动。清代北京人踢毽子多在秋冬两季，为"天寒时消遣之一法"。有诗为证："杨柳抽青复陨黄，儿童镇日聚如狂。空钟放罢寒冬近，又见围喧踢毽场。"每当杨柳凋零，天气寒冷之际，就会有很多人踢毽子。塞外承德有"踢毽之乡"的美誉，旧时，几乎家家有毽，人人会踢。一到新年，人们结伴成群，上街踢毽，一时彩蝶纷飞，似闻春讯。当时，广州正月十五有踢毽子会，清初文学家屈大均所著《广东新语》卷九《事语·广州时序》载，每逢元宵节，"昼则踢毽五仙观，毽有大小，其踢大毽者市井人，踢小毽者豪贵子"。热闹非常的踢毽活动为元宵佳节的喜庆气氛锦上添花。

　　踢毽子这种技巧性的运动不仅有趣，还有助于健美，尤其锻炼腿部，可以帮助下身肥胖人群瘦腿，还能强化儿童及青少年腿部的肌肉和骨骼，有利于生长发育。此外，踢毽亦能锻炼人的反应能力，有助于专注力的提升，因为一旦分神，就很难接住毽子。同时也要注意，不能长期过度地用同一条腿踢毽，容易导致双腿肌肉系统失衡，如一条腿粗、一条腿细。

　　虽然踢毽子在历史上被视为"不登大雅之堂"的"雕虫小技"，但因其有益健康又充满趣味，也根植于民间，具有很强的生命力，千古不衰，至今仍是人们喜闻乐见的一种体育游戏。

　　小小一枚毽，魅力无穷大！

"南拳北腿"指的是什么功夫

不少同学喜欢看功夫片，"喜剧天王"周星驰就以《功夫》为名，拍了一部脍炙人口的精彩电影，讲述了一个街头浑小子经历一系列变故，最终成为武术大家的绚烂传奇。通常，功夫片的剧情都不复杂，大多围绕邪不压正、惩恶扬善的主题展开，人们爱看且趋之若鹜，多是因迷恋片中展现的中华武术技艺。

提到武术，必然绕不开经常听到的"南拳北腿"——真的是南方人善于出拳，北方人喜欢踢腿？我国的武术文化博大精深，必然不能简而化之地望文生义。这里其实包含了两种说法：一说认为，"南拳"指的是洪拳创始人洪熙官打的那套拳，"北腿"指的是谭腿，就是电影《功夫》里猪笼寨三大高手里那位"十二路谭腿"。另一说认为南方的内家拳名声在外，便冠以"南拳"，北方武术的腿法精湛，便冠以"北腿"。前一种说法带有极大的演绎色彩，而后一种以地域特色为论据似乎更为客观。

南北武术之所以存在较大差异，确实是受到我国地理因素的影响。北方武术多以厚重兵器和进攻型招数见长，这和寒冷气候与平原地形关系密切，也被视为一种"马上后遗症"。历史上的北地属于兵家必争之地，作战频繁，对抗时往往需要使用冷兵器马上作战，因而各类刀术、棍术、枪术较为发达。北方武术风格偏向刚劲豪爽、大开大合，所以除了钻研武器以外，研发了诸多腿上功夫，对速度、力量的要求都更高。南方武术更适合在狭长地带和山林丘陵作战，相较于北方武术直来直去的攻击，重在习武者的反应速度和敏捷性，所谓"拳打卧牛之地"，讲究在小范围内快速精准出击。简而言之，开阔的地势促成北方武术套路以面为主，而腿所涉及的面远大于拳；收敛的地形促成南方武术以点为主，而拳头击中要害的能力远高于腿，便有了"南拳北腿"一说。

此外，不同的文化倾向也造成了各地独特的武术风格，极大地影响了最终呈现出的武术文化。明清以来，我国北方一直都是政治中心所在地，尤其山东是儒家文化的发祥地，因而北方的各类武术无不受到儒家文化和北地粗犷豪迈气质的影响。如《水浒传》所涉"梁山武术"就分为两个层次：一是官方级别的，即以呼延灼、林冲等人为代表的正规军，其武学套路远高于普通绿林英雄，带有先天优越感，体现了北方武术体系中"尊王"的一面。二是北方武学通常以招数凶狠见长，踢、打、破、摔、拿、击、刺是为北方武术的七大特点，侧重以力量和气势取胜，代表门派如少林寺等，更有铁砂掌、金钟罩、铁布衫等以刚制刚的硬武功。可以说，北方武学追求猛烈对抗，刚好暗合了北方人一切"摆到桌面上"的硬汉性情。

相对而言，南方武术则更多地吸收了道家文化的思想。例如武当派的内家拳，无论是太极的含义，抑或相生相克、以柔克刚的理念，无不充分体现了道家文化的精髓。道家崇尚"天人合一"，以太极拳为代表的南方拳法很多都和自然界中的生物直接相关，如仙鹤拳、螳螂拳等，难怪现代武术专家万籁声认为："少林为外功，武当为内功，各有精微造诣。"从实战角度讲，太极拳不算一个好选择，太极文化明显更注重运动和养生，体现的是一种生活态度和人生思考，所以很多习练太极拳者还会研读《道德经》，保健以外，他们更追求心境上的超脱。

拳由心生，随心而动。所谓的"南拳北腿"，体现的是两种武术文化重心的不同。"南拳"表面看是手上功夫，实际上是以训练自身的反应和意志力为主，从而达到保健的目的。"北腿"专注于锻炼力量和速度，追求一招制胜的爆发。这一南一北的遥相呼应，也恰恰体现了我国文化的丰富多彩与互相融合的无穷魅力。

牡丹不简单，银杏黄满天

国花与国树如同国旗、国歌一样，是一个国家的象征，寄托着人们对祖国的深情厚谊，也能反映出一个民族的文化传统和审美观念。关于我国国花与国树的话题一直争论不休，直到2019年，中国花卉协会才正式通过投票确定牡丹为国花、银杏为国树。

庭前芍药妖无格，池上芙蕖净少情。

唯有牡丹真国色，花开时节动京城。

说起牡丹，大部分人第一时间想到的都是刘禹锡的这首《赏牡丹》。诗人没有一句正面描写牡丹的姿容，而是评赏常被文人墨客称颂的芍药和芙蕖，并以妖娆的芍药和寡情的芙蕖衬托牡丹的高贵与情韵，抑彼扬此的反衬手法运用得十分巧妙。

南北朝时期，牡丹生在我国长江流域和黄河流域的诸多丘陵间，人们意外地发现了这种美丽的花朵以及它的药用价值，便开始栽培家养牡丹。在此过程中，牡丹出现了许多花大色艳的品种，也越来越受到人们的喜爱。隋朝时期，皇家园林和达官显贵的花园中开始引种牡丹。此花端庄浓颜的外形与唐朝开放的民风、繁盛的社会达成了一种巧妙的融合，因此唐人对于牡丹喜爱非常。唐都长安遍植牡丹，还出现了专门培植此花的花师，牡丹的栽培技术也达到了一个相当高的水平。上自帝王，下至百姓，都会呼朋唤友地组织大大小小的牡丹观赏会，并将此作为雅事一桩。

牡丹之所以有"花中之王"的美誉，除其出众的风姿外，还因为一个与武则天有关的传说。相传，武则天赏游花园，百花惧怕女皇的威严，无不争相开放，只有牡丹身形不动，傲然独立。固然只是传说，但在人们心中，国色天香的牡丹已生长出了不一般的傲骨。

和牡丹一样，银杏也是土生土长的中国树种。最初，野生银杏生在浙江天目山，作为一种优良木材，很快被人们发现，并开始广泛种植。银杏树形优美，春夏季叶色嫩绿，秋季变为黄色，独具美感。

"谁怜流落江湖上，玉骨冰肌未肯枯。"李清照在词中曾称赞银杏是不改初衷的贤士，即便流落江湖也依然故我。片片银杏，在瑟瑟秋风中打着旋儿坠落，生长在同一根枝丫，亦坠落于同一片土地，燃烧自我只为赴一场生命的宴席，热烈而诗意。生与死，春和秋，对立而和谐，矛盾又统一，银杏印证了中国人对于生命、对于万物的思考。

无论是端庄在外、傲骨在内的牡丹，还是一柄二叶、燃尽此身的银杏，都是中华民族精神的寄托。我们热烈而富有生命力，我们坚强不屈、生而不凡，这些风骨与气节就像牡丹和银杏一样，深深地根植于中华大地，并将长久地生长下去。

陆羽的《茶经》要怎么念

雀舌未经三月雨，龙芽新占一枝春。

自古以来，中国人就爱茶种茶，品茶喝茶。在茶的历史上，不能绕过的人物就是"茶圣"陆羽。

陆羽（约 733—约 804 年），字鸿渐，复州竟陵（今湖北天门）人，被世人称为"茶圣""茶宗""茶祖""茶仙""茶神"等。陆羽生性诙谐，一生嗜茶，精于茶道。唐上元初年（760 年），他隐居苕溪（今浙江湖州），撰《茶经》三卷，对茶的性状、品质、产地、种植、采制、烹饮、器具等皆有论述，成为世界上首部茶叶专著。陆羽开启了一个茶的时代，为世界茶业发展做出了卓越贡献。

《茶经》是陆羽在茶学方面的成名之作。该书共计七千多字，分为三卷十章。上卷包括三章：一之源，对茶的起源、名称、品质进行了论述，对茶树的形态特征、茶叶品质与土壤关系进行了介绍。本章还论述了宜茶的土壤和地形、品种与鲜叶品质的关系，以及茶树的栽培方法、饮茶的保健功能。二之具，对制作饼茶所需的十九种工具的名称、规格和使用方法进行了详细说明。三之造，阐述了茶叶的种类和采制方法，还对采茶的重要性和要求进行了论述，并提出了适时采茶的理论，详细说明了制造饼茶的六道工序，即蒸熟、捣碎、入模拍压成形、焙干、穿成串、封装，亦提出饼茶按照外形的匀整和色泽分为八个等级。

中卷只有一章四之器，论述了煮茶、饮茶的器皿。本章对二十四种煮茶、饮茶用具的名称、形状、用材、规格、制作方法、用途，以及器具对茶汤品质的影响进行了详细叙述，还对各地茶具的好坏及使用规则进行了评论。

下卷包括六章：五之煮，叙述了煮茶的方法、各地水质的优劣、饼茶茶汤的调制方法。其中，对烤茶的方法进行了详细叙述，特别讲了烤炙煮茶的燃料、泡茶用水、煮茶火候、煮沸程度和方法对茶汤色香味的影响。陆羽认为茶汤中出现的雪白浓厚泡沫为其精华所在。六之饮，对饮茶风尚的起源、传播和饮茶习俗、方式进行了讲解。七之事，是对古今有关茶的故事、产地和药效的叙述，载录了众多唐代以前和茶有关的历史资料、传说、掌故、诗词、杂文、药方等。八之出，评述了各地所产茶品的优劣，尤其详述了唐代茶叶的产地和品质，并将唐时全国分成八大茶区，每一茶区所产茶叶都分成上、中、下、又下四个品质等级。九之略，说明了在何种情况下哪些制茶过程、工具或煮茶饮茶的器皿可以省略。十之图，主要将《茶经》中所讲的内容录在素绢上，挂于座旁，如此能够方便地随时查阅。

《茶经》是唐代和唐以前有关茶叶的科学知识和实践经验的

系统总结，亦是陆羽躬身实践、笃行不倦，取得茶叶生产和制作的第一手资料后，又遍览群书、广采博收茶家采制经验的结晶。此籍一经问世，即风行天下，为爱茶者学习和珍藏，进一步推动了我国茶事的蓬勃发展。陆续又有宋代蔡襄的《茶录》、宋徽宗赵佶的《大观茶论》，明代钱椿年撰、顾元庆校《茶谱》、张源的《茶录》，清代刘源长的《茶史》等茶书问世。

所谓"清茶一杯也醉人"，愿你品一口清茶，读一段茶史，探索这片片香茗蕴藏的缕缕诗意。

"分茶"：一种绝迹的行为艺术

陆游在《临安春雨初霁（jì）》一诗中，有句"矮纸斜行闲作草，晴窗细乳戏分茶"。那么，分茶是把我的茶叶分给你喝吗？古人讲究风雅，自然不可能这样简单直白，其中大有学问呢。可以说，分茶，是一种已经绝迹的行为艺术。

不妨先来"考古"一番。关于分茶，大致有三种说法：其一，许政扬在《宋元小说戏曲语释》中认为分茶就是烹茶、煎茶；其二，《宋诗选注》认为分茶是流行于宋代的一种茶道；其三，《剑南诗稿校注》卷十二《疏山东堂昼眠》认为分茶是宋人泡茶的一种方法，也即以开水注入茶碗的技法。在第三种说法的语境下，分茶就是以开水冲泡茶叶出现的泡沫，来表现字画的一种独特的艺术形式，极具中国审美格调，因而古人又把分茶称之为"水丹青"。

关于分茶，宋代诗人杨万里还有一首《澹庵坐上观显上人分茶》诗，记述的正是他观看显上人分茶的场景，给读者以身临其境之感。且看：

> 分茶何似煎茶好，煎茶不似分茶巧。
>
> 蒸水老禅弄泉手，隆兴元春新玉爪。
>
> 二者相遭兔瓯面，怪怪奇奇真善幻。
>
> 纷如擘絮行太空，影落寒江能万变。
>
> 银瓶首下仍尻高，注汤作势字嫖姚。

字里行间可见，当茶和水相遇时，在兔毫盏的盏面上变幻出千奇百怪的画面来，果如丹青般淡雅，又似草书般劲急。

而要真正达到水丹青的效果，使茶汤汤花瞬间出现绚丽多姿的变化，就需要较高的沏茶技艺，这与沏茶人的手法以及对茶的领悟相关。常用的沏茶技法之一是"搅"，类似于现代沏咖啡，通过搅拌以创造出汤花的多姿形象；二是直接"点"出汤花。宋代流行的沏茶法就是"点茶法"，就是单手提壶，从上至下使沸水直接注入盛有茶沫的茶盏中，利用水的冲击力使茶遇水发生变化，进而形成和表现出无穷的物象。在点的过程中，注水的高低快慢、手势的各不相同、器具的出水口大小，都是影响分茶效果的重要因素。

宋代以后，茶类改制，炒青散茶成为主流，饮茶方法随之改变，点茶法被直接以沸水冲泡茶叶的泡茶法所替代。分茶游戏，也就逐渐销声匿迹。估计这也与该游戏过于高雅、受众面窄有关，毕竟红尘万丈，雅俗共赏还真不是一件容易的事。

何以解忧？唯有杜康。"杜康"是酒还是人

"人间杜康酒，瑶池玉液浆，虽经千般苦，天地流芳香。"古往今来，关于酒的典故不胜枚举，文人墨客毫不吝惜对酒的称赞，因而酒本身是具有文化附加价值的，直到今日成为各大宴席聚会的必备饮品。古人将造酒过程神化，关于起源的各种版本纷繁复杂，那么酒到底是谁造的呢？

"慨当以慷，忧思难忘。何以解忧？唯有杜康。"这是曹操在其名作《短歌行》中的名句。建安元年（196年），他挟天子以令诸侯，先后削平吕布等割据势力，官渡之战大破军阀袁绍，逐渐统一了中国北部。建安十三年（208年），他率军南下，败于赤壁，后被封魏王。曹操在北方屯田，兴修水利，用人唯才，打破世族门第观念，抑制豪强，加强集权。他还精于兵法，著有《孙子略解》《兵书接要》等书；更善诗歌，《蒿里行》《观沧海》《短歌行》等篇章都抒发了他的政治抱负。其中，《短歌行》行文悲凉慷慨，有限与无限的矛盾、生命与死亡的矛盾，都融在这杯酒中。

传说酒是杜康发明的。史书上说他"余粥弃于桑，郁积成香，

竟有奇味，杜康尝而甘美，遂得酿酒之秘"，即将没有吃完的剩饭，放在桑园的树洞里，剩饭放置时间长，在洞中发酵，散发出芳香的气味，由此，杜康制作了酒。至于杜康其人，也是众说纷纭。《说文解字》言："杜康始作秫（shú）酒。又名少康，夏朝国君。"

还有传杜康原是黄帝手下的一位大臣，天下初定时负责管理粮食生产，主要是粮食的播种和保存。有一年粮食大丰收，供大于求，城里的库房已存满，无奈之下，杜康只有将剩余的粮食保管在山洞中。山洞阴暗潮湿，时间一久，粮食全部腐烂了。一连几天，杜康都在苦苦思考这些粮食应该如何保存、保存在哪里才能避免发霉。一天巡山时，他发现山上的树很多，虽然粗壮，但大多枯死，树洞都是空的。他便想到把粮食藏在树洞里。不料，过了两年，树洞里的粮食因长期遭受风吹、日晒和雨淋，慢慢开始发酵。一日，杜康上山查看粮食的保管情况，突然发现在一棵装有粮食的枯树周围横七竖八躺着一些野猪、山羊和兔子。他一时纳闷：怎么一下死了这么多野兽？再上前一看，结果大吃一惊。它们居然都活着，只不过是在酣睡。原来这些野兽饮用了从树洞中流出的带有香气的"水"。杜康用手接住从树缝中流出的液体，感觉它甘甜中带有香气，入口还有一丝冲劲儿，却很可口。不久，忍不住多尝了几口的杜康也同之前那些野兽一样睡了过去。家丁久不见主人归来，内心忐忑，不停呼唤杜康。杜康醒后将树洞里的液体拿给黄帝品尝，并如实汇报。黄帝和众臣商议后一致认为这是粮食经过发酵而生成的一种元气，而非毒水。仓颉还给这浓香的液体起了名字——"酒"。中国的酿酒业就从此开始了。酒在民间逐渐普及开来，杜康也被人们尊称为"酒神"，后人也都尊奉其为酿酒始祖，以示纪念。

到了商代，酿酒业已十分发达，加上青铜器制作技术的提高，中国的酒器制造也达到前所未有的繁荣程度。特别是在贵族阶层，饮酒之风极为盛行。酒的广泛饮用引起商朝统治者的高度重视，纣王造酒池可行船，整日美酒伴美色，因而商朝留下了"酒色文化"的烙印。

周代则大力倡导"酒礼"与"酒德"，把酒的主要用途限制在祭祀上，遂出现了酒祭文化。秦朝经济繁荣，酿酒业自然兴旺起来。汉代，人们对酒的认知进一步宽广，其用途也广为扩大，东汉名医张仲景用酒疗病，甚有奇效。两汉时期，饮酒逐渐与各种节日联系起来，形成了独具特色的饮酒日，酒曲的种类也更多了。三国时期作为我国酒文化的盛行时期，酒风相当剽悍，许多人嗜酒如命，劝酒之风日盛。至魏晋时期，民间可以自由酿酒，私人自酿自饮的现象相当普遍，酒业市场十分兴盛，并出现了酒税，成为国家的财源之一。魏晋南北朝时期，名士饮酒风气极盛，借助于酒，人们抒发着对人生的感悟、对社会的忧思、对历史的感慨。酒的作用潜入人们的内心深处，从而使酒的文化内涵也随之扩展。唐宋时期的酒文化是酒与文人墨客的风云际会。唐诗宋词的繁荣，对酒文化有着促进作用，而美酒也催发了文人的诗兴，从而内化在其诗作中，酒的价值从物质层面上升到精神层面。酒文化在诗中酝酿充分，品味更加醇久。宋代发明了蒸馏法，从此白酒成为中国人饮用的主要酒类。明清两代可说是将中国的酒文化从高雅的殿堂推向了热闹的民间，原本作为名人雅士的爱好渐渐普及为里巷市井的日常。酒广泛地融入人们的日常生活。

自曹操写下"何以解忧？唯有杜康"的名句之后，后代诗人、学者也有很多人写过杜康。杜甫就言"杜酒偏劳劝，张梨不外求"；宋代理学家邵雍也曾说"吃一辈子杜康酒，醉乐陶陶"。作为酒的代表，杜康已成为酒的象征，融入中国的传统文化中，是人是酒，似乎也显得不那么重要了。

粒粒皆辛苦，可你真的分得清"五谷"吗

想来，同学们在小学时就背过唐朝诗人李绅的那两首《悯农》吧。

> 春种一粒粟，秋收万颗子。
> 四海无闲田，农夫犹饿死。
>
> 锄禾日当午，汗滴禾下土。
> 谁知盘中餐，粒粒皆辛苦。

从古至今中国人始终秉承民以食为天，腹内空空，一切都无从谈起。但随着工业化、城市化的突飞猛进，当代城市人越来越少有接触、认识、了解大自然的机会。在很多都市孩子眼中，粮食无差别，蔬菜、水果都是超市供应的，正应了古人那句话："四体不勤、五谷不分。"

当然，学术界和农业界对"五谷"理解的侧重不同，对其界定也不同。目前，众多权威学术文献都将"五谷"界定为稻、黍（shǔ）、稷（jì）、麦、菽（shū）；也就是现实生活中的水稻、黄米、高粱、小麦、黄豆。

稻　细粮，大家都很熟悉。传统文化中，我国南方以水稻为主食。水稻去壳后即大米，可做成我们天天吃的米饭，也可制成米粉、米线等，是中国人的主要粮食之一。

黍　粗粮，黍去壳，就是黄米，其籽实煮熟后有黏性，可以酿酒、做糕。由于不利于消化，加之人们生活水平的提高，现在基本上不以黍为主食了，但其还经常用于制作糕点和传统食物。

稷　粗粮，为百谷之长，因此帝王奉稷为谷神，我国古老的食用作物，也就是人们通常说的高粱。高粱现多用于酿酒、喂养牲口，很少用作主食。

麦　细粮，很好理解，就是小麦，特别是北方以面食为主的地方，对此尤为偏爱。需要强调的是，麦有很多品种，如小麦、大麦、燕麦、黑麦等。作为细粮和主食的麦，特指小麦。

菽　可以界定为粗粮或辅食，是一种泛称。菽的本义就是像豆类生长的样子。也就是说，菽是豆类的泛称，如黄豆、金豆、蚕豆等。在此，包子老师理解的菽特指黄豆。理由是，豆腐是中国饮食文化中特有的食材，且有着深远的历史，而豆腐恰恰是黄豆的副产品。黄豆的副产品亦很多，又如豆芽菜、豆浆等。

当然，无论古今，农作物都不可能只有五种，关于"五谷"的说法存在差异，就是因为各地主要作物不一致导致的。古时还有"百谷"、"六谷"和"九谷"等说法，但受到"五行"思想的影响，多以"五谷"泛指粮食作物。

如今，大家若再念起"粒粒皆辛苦"的诗句，应该都知道它们具体是什么了吧！

都说"六畜兴旺",你知道是哪六畜吗

每到过年,人们总会在贴完春联之余,再在相应的地方贴一些类似于"抬头见喜""五谷丰登""六畜兴旺"的吉利话,表达对新年的期盼以及对生活的祝福。

下面就来聊聊关于六畜的话题。

《现代汉语词典》中关于"六畜"的词条,这样解释:"指猪、牛、羊、马、鸡、狗,也泛指各种家畜、家禽。"

《周礼·天官冢(zhǒng)宰·宫正/外饔(yōng)》载:"庖人掌共六畜、六兽、六禽,辨其名物。"

《左传·昭公二十五年》载:"为六畜、五牲、三牺,以奉五味。"杜预对此作了注解:"为六畜:马、牛、羊、鸡、犬、豕(shǐ)。"

南宋王应麟编写的《三字经》有句:"马牛羊,鸡犬豕。此六畜,人所饲。"《三字经》《百家姓》《千字文》为旧时儿童启蒙必读识字课本,由此,"六畜"一词妇孺皆知。

"六畜"的提法,至今仍活跃在人们的口头,"五谷丰登、六畜兴旺"始终是国人最美好的愿望之一。

那么古人为什么会选中猪、牛、羊、马、鸡、狗为六畜呢？这与我国长久以来的农业社会属性有关，是出于人们对生产生活的真实需要。

猪，虽然看起来愚笨，却是人类重要的肉食来源，为人们的生存提供保障；牛，向来是埋头苦干的典型，能够帮助人们犁地耕田，提高耕作效率；羊，性格温顺，在古代象征吉祥如意，流传有"三阳开泰"的说法。同时，在人们在祭祀祖先的时候，羊还作为第一祭品，加之羊有"跪乳之恩"，更加受到人们的尊敬；马，是古代重要的战略物资，争城掠地和交通出行都离不开它，其重要性不言而喻；鸡，对家庭经济有补充作用，而且"一叫千门万户开"，你说它重要不重要；狗，是人类最早驯养的家畜之一，看家护院，忠于职守，因而民间有"狗不嫌家贫"的说法。

有意思的是，除了六畜，还有"五畜"之说，就是将马排除在外。《汉书·地理志》有"民有五畜，山多麋鹿"句。唐代颜师古对此注释为："五畜：牛、羊、豕、犬、鸡。"我国传统医学重要著作之一《灵枢经》，也有载"牛甘、犬酸、猪咸、羊苦、鸡辛"。此外，六畜也全部入选十二生肖，更从侧面证明人们对其的深厚感情和喜爱。

"岁寒三友"，你结交了几位

现在，让我们研究一个比较风雅的话题——"岁寒三友"。查阅文献资料后，发现不止有传统意义上的"岁寒三友"，还有好吃的"岁寒三友"，挺有意思的。

正经的"岁寒三友"，当然指松、竹、梅，出自宋代林景熙的《霁山集》卷四《王云梅舍记》："即其居累土为山，种梅百本，与乔松、修篁（huáng）为岁寒友。"松、竹凌寒，岁晏不凋；梅花傲骨，斗雪开放，故世称松、竹、梅为"岁寒三友"。又常用以比喻浊世之中，傲岸特立的君子之交。分别细看一下"三友"的象征意义。

松是常绿乔木植物，喜温、抗寒，广泛分布于我国华北的南部及华东地区，常被用于园林作观赏的树种。自古以来，国人对松树就怀有一种特殊的感情，因其顽强的特征，常用来象征坚强不屈的品格。孔子有名言："岁寒，然后知松柏之后凋也。"意指每年天气最冷的时候，只有松柏挺拔不落。它们像生命的守护者，就算伫立悬崖峭壁，哪怕经受狂风暴雪，也毅然安静地生长。难怪，刘桢在《赠从弟》诗中写道："冰霜正惨凄，终岁常端正。岂不罹凝寒？松柏有本性。"是为了告诉后人：生而为人，应当洁身自好，像松柏一样保持端正清白的气势，方能守护初心。

竹子的空心象征山谷一样深广的胸怀，其韧性象征柔中带刚的性格，而竹节则象征做人要生而有节，更有高风亮节、刚正不阿之意。竹子更是君子的意象，从古至今，无数文人雅士都对其不吝溢美之词。国画中，多可看到竹子、梅花或喜鹊搭配在一起，寓意家庭幸福美满。苏轼爱竹，"宁可食无肉，不可居无竹"。于他而言，没有竹子的居所会让人变得俗气。在白居易看来，"水能性淡为吾友，竹解心虚即我师。"爱竹，不仅因为它的坚贞挺拔，竹还懂得虚心谦逊，堪为人师。

梅，迎寒而开，美丽绝俗，是坚韧不拔的人格象征。梅花最令诗人倾倒的气质，是一种寂寞中的自足、一种"凌寒独自开"的孤傲。宋人林逋的诗句"疏影横斜水清浅，暗香浮动月黄昏"，将梅花的姿容、神韵描绘得淋漓尽致：漫天飞雪之际，独有梅花笑傲严寒，破蕊怒放，象征着卓尔不群、超凡脱俗的高尚品格。唐代《上堂开示颂》中还有古谚流传："不经一番寒彻骨，怎得梅花扑鼻香？"爱梅不仅爱其清香，还爱其不畏寒冬的精魂。正因如此，雪才输梅一段香，而这种热爱才更深切，更傲然于天地间，经久不衰。

再说好吃的"岁寒三友"。早年的京华，每近隆冬，亦有所谓的"岁寒三友"，是指"半空儿"（即果仁稀小的花生）、冻柿子、"海棠红"（冬天全红的海棠）三样小食。这三位一体的"岁寒三友"，是北京人冬日的味蕾专享。有些摊贩专卖此"岁寒三友"，也是民俗一景。

那么，你是喜欢"雅三友"，还是"俗三友"？

为什么把故乡称作"桑梓"

对故乡，对故土，国人都有专属的记忆和情感。在不少诗文里，常会看到用"桑梓"一词来指代故乡，例如毛泽东写过"埋骨何须桑梓地，人生无处不青山"的励志之句；唐代柳宗元的《闻黄骊》中也有"乡禽何事亦来此，令我生心忆桑梓"的感伤之句。

那么千树万树中，人们为什么偏偏选中桑、梓二树来代指故乡呢？综合各种资料分析，无外乎有如下两个原因：

其一，桑、梓二树与人们的生产生活密切相关。

众所周知，桑叶可用以养蚕抽茧，种麻取其纤维，是古代农耕条件下，解决穿衣问题的重要途径，所以会有"桑麻"之说，可见桑树之重要。另外，桑树的果实叫桑葚，滋味甜美，可直接食用或酿酒；桑树皮可以造纸；树根、树皮，包括果、叶，均可入药；桑树成材后可制家具。可以说，桑树浑身是宝，在人们的生活中占有重要地位。而梓树本身是速生树种，可作为薪炭用材，以解决取暖问题。其木质轻巧且耐腐，可用来制作家具、乐器、棺材等，皮为梓白皮，亦可入药。桑、梓二树与人们的衣、食、住、用密切相关，其实用价值决定了它们在人们心中的地位。

其二，桑、梓二树与尊敬、怀念父母有关。

鉴于二树的实用价值，人们常将其种于房前屋后，所谓"前人栽树，后人乘凉"。目睹桑梓渐渐长成，会让人联想起父母先辈的创业之辛劳，遂对二树也心怀敬意，由此打开回忆的"闸门"。最典型的诗句就是《诗·小雅·小弁》中的"维桑与梓，必恭敬止；靡瞻匪父，靡依匪母"，意思是见了桑、梓这两种树，就很容易勾起对父母的怀念。这一说法也为后世所沿用，"桑梓"逐渐成为家乡的代称。

此外，还有一些经典诗文也提到了"桑梓"，都是用来指代故乡或父老乡亲的。如晋代袁宏的《后汉纪·明帝纪上》有"中国者，先王之桑梓也"；《新唐书》有"夫流亡之人非爱羁旅、忘桑梓也，敛重役亟，家产已空，邻伍牵连，遂为游人"；元代刘埙的《隐居通议·文章四》有"某不材，见弃于时，桑梓羞之"……从这些诗文不难看出，桑梓作为故乡的代称，是深入人心、传承不息的。直到现在，还有"功在桑梓"一说，用以赞美为家乡造福的人士。

需要注意的是，与桑梓类似的还有一个词，叫作"桑榆"，说的也是两种树，即桑树和榆树，其意是夕阳余晖照在桑榆树梢上，借指落日余光处。如成语"失之东隅，收之桑榆"，比喻此时此地遭到失败或损失，而在彼时彼地得到了成功或收获。桑榆后指代晚年。同学们写作文或者表情达意的时候，千万不要把这两个词语混淆了，免得贻笑大方。

你知道"玉腰奴"是什么动物吗

汉语是最具浪漫气息的语言之一。古汉语中，许多动物都有雅称，就像给小孩子取的乳名一样，满含喜爱之意。例如，有一种动物被人们称为"玉腰奴"，单从字面上看，就觉得很美、很有画面感。

那么，同学们知道"玉腰奴"到底是什么动物吗？还有哪些动物有这样的雅称或别称呢？

玉腰奴，蝴蝶的别名。北宋陶谷《清异录·花贼》云："温庭筠尝得一句云：'蜜官金翼使。'徧干知识，无人可属。久之，自联其下曰：'花贼玉腰奴。'予以谓道尽蜂蝶（dié）。"意思是：温庭筠出了个上句"蜜蜂是采蜜的金翼使"，始终没人能对上下联。很久之后，自己出个下联"蝴蝶是盗花的玉腰奴"。要我说啊，这可是说尽了蜂蝶的特点了。

蝴蝶的别称"玉腰奴"就此被确定下来。

下面，再看看其他动物的别称或雅称。

猫是现代人非常喜爱的一种动物，常作为宠物；也是一种颇为神奇"傲娇"的动物，总是一副瞧不起人的样子，人们却爱极了高冷的猫。猫在古代称为"衔蝉""狸奴"，黄庭坚作有《乞猫》："闻道狸奴将数子，买鱼穿柳聘衔蝉。"不仅富于诗意，还很有画面感。

燕子是一种颇具灵性的鸟类，传说家中有燕来筑巢是祥瑞之兆。燕子筑巢繁衍生息，寓意着勤劳、和睦、善良，被人们视为吉祥、好运的象征。而古人称燕子为"玄鸟"，《诗经·玄鸟》中有"天命玄鸟，降而生商"句，诗意翩跃而至。

杜鹃是中国独有的一种鸟，传为望帝所化，故李商隐有"望帝春心托杜鹃"句。古时，杜鹃也有一个好听的名字，叫"子规"，李白的《宣城见杜鹃花》中有："蜀国曾闻子规鸟，宣城还见杜鹃花。"

鹤，俗称仙鹤，被视为吉祥鸟，祝福人们的长寿时，都喻以"鹤寿"，象征着圣洁、清雅、高寿，因此，鹤也是人们最崇敬的动物之一，并将其精神化、人格化，用白鹤来比喻高尚的品德。古人称鹤为"胎仙"，张养浩的《寨儿令·夏》曲："见胎仙，飞下九重天。"相传王羲之晚年闭门谢客，一心读书写字。农历五月初五，其子献之至会稽鉴湖岸边，见一僧人迎面而来，将一信托献之交予其父。王羲之拆开一看，信中写道："端阳正午，乘鹤归府，断尽烦恼，拜见王母。"读毕，王羲之向鉴湖边走去。湖边果有一白鹤。他遂骑上白鹤飞向蓝天。后来，人们把德高望重之人仙逝，尊称为"驾鹤西游"。

鹅也是一种神奇动物，平时看起来温顺无害，一旦被激怒，却是能和人拼命的主儿，攻击力不容小觑，是一种领地意识极强的家禽，估计在农村生活过的同学都深有体会。而它的古称则诗意儒雅，叫作"舒雁"。"出如舒雁"语出《仪礼·聘礼》。

再来拓展一下，看看《水浒传》里提到的动物别称。

大虫，指老虎。古人用"虫"泛指一切动物，"大"有长者、为首之意，"大"又是敬辞，"大虫"也就是毛虫之首领、兽中之王的意思。由于虎性凶猛，为百兽之长，往往又借"大虫"以称类似之人。《水浒传》中有绰号"母大虫""病大虫"者，分别对应顾大嫂、薛永。

忽律，有两种意思：其一，鳄鱼的一种；其二，一种有剧毒的四脚蛇，生性喜食乌龟，将猎物吃剩一个空壳后钻入其中，冒充乌龟，看起来温顺无害，一旦有猎物靠近，便发出夺命一击，直接致其死命。梁山有位好汉朱贵，绰号"旱地忽律"，就是陆地上的鳄鱼。鳄鱼是一种善于伪装偷袭的动物，用此绰号也是形容朱贵的阴险狡诈。朱贵之弟朱富，外号"笑面虎"，顾名思义，可以想见这哥俩都是表面人畜无害，却喜欢背地里捅刀子的人物。说句题外话，认真研读《水浒传》后会发现，那些所谓的好汉，干的也不都是正大光明的事情。这部分内容，包子老师会在另一本专门品读四大名著的书中细说。

留个思考题：你知道"无肠公子"是指什么动物吗？

飞花令刺激又有趣，你敢玩吗

人气节目《中国诗词大会》中的"飞花令"环节，尤其受到观众的热捧，展现形式非常独特，即选手轮流迅速背诵含有指定关键字的诗句，现场气氛既刺激又让人欲罢不能。观众在感叹选手涉猎之广的同时，也不由发问，"飞花令"究竟是个啥？

以下，我们就从起源、玩法、改良等几个方面，走近飞花令，一窥它的真面目。

话说，飞花令起源于古时饮酒行令的习俗，属于宴饮时的助兴游戏，输者罚酒。该令属于雅令，其名被公认为源自唐代诗人韩翃（hóng）《寒食》中的"春城无处不飞花"一句。探究其因，大致有二：当朝皇帝唐德宗是铁杆"韩粉"，极爱韩翃的诗文，所谓"上有所好，下必甚焉"；韩翃本人也好饮酒，不少诗作都与酒相关。

古时的飞花令对格律要求严格，对令与行令的诗句必须格律一致；对指定的字出现的位置，也有严格规定。行令时，诗句可以是已有的，也可以即兴创作；令辞可出自诗、词、曲，句子一般不超过七个字。

了解规则之后，再来介绍几种玩法：

最常见的是按顺序出现"花"字，有点类似现代的接龙游戏。酒宴上，第一个行令者说一句首字带有"花"的诗词，如"花近高楼伤客心"，那么第二个行令者要接续第二字带"花"的诗句，如"落花时节又逢君"；到了第三个人，"花"字就到了第三字的位置，可接"春江花朝秋月夜"；第四个人可接"人面桃花相映红"。依此类推，直到"花"在第七字位置上，则一轮结束，可循环下去。行令人顺次相接，一个接一个，当作不出、背不出诗或作错、背错之际，令官则罚其饮酒。

随机行令则更具趣味性。如直接说一句带"花"字的诗，"花"字在诗中的位置对应到某位客人，此人再接，若正好对应到自身，则自罚一杯。如行令人吟出"牧童遥指杏花村"，"花"在第六字位置，从行令人开始数到第六人接令，若此人刚好是行令人，则本尊自饮。

行令后直接饮酒也是一种玩法，特别适合爽利之人。诗句中第几字为"花"，即按一定顺序由第几人喝酒。如巴金的小说《家》中有这样一段描写："淑英说一句'落花时节又逢君'，又该下边的淑华吃酒。"

如上所述，飞花令可不是喜闻乐见的大众娱乐方式，对参与者的知识储备有较高要求，还要反应机敏，能够迅速作答，确实是刺激高雅的游戏。

《中国诗词大会》节目组引入并改良了飞花令，为每场比赛设置一个关键字，不再仅限于"花"字，而是增加了

"云""春""月""夜"等诗词中出现的高频字，这样就避免了诗词枯竭或者"撞车"的可能性，也拓宽了展现内容的渠道。改良后的玩法是场上选手完成答题后，由得分最高者和百人团答题成绩的第一名来到舞台中央，轮流背诵含有关键字的诗句，正面对决，直到一方语塞，则另一方获胜，胜者直接挑战擂主。不得不说，这样的带有表演性质的飞花令，竞赛感更强，观赏性陡然提升。

飞花令如此刺激又有趣，想问一句：你敢玩吗？

"投壶"是一个无聊的游戏吗

欧阳修的名篇《醉翁亭记》中有"宴酣之乐，非丝非竹，射者中，弈者胜"的句子，其中的"射"，指的就是投壶游戏。

用今天的眼光看，投壶是不是一个无聊的游戏呢？

答案当然是否定的。投壶是古老的游戏，且生命力顽强，从先秦延续到清末，可见其魅力不俗。它不仅是娱乐项目，还属于传统礼仪范畴，源自射礼。

春秋战国时期，诸侯宴请宾客，必行的礼仪就是请宾客射箭，用以助兴。在当时的社会环境下，不会射箭，是会被笑话的，就好比今天的成年人不会开车一样。主人请你射箭，是给你展示的机会，客人一般不能拒绝。但总有人不会射箭，那么古人是怎么变通的呢？不会射箭，把箭往酒壶里扔总是会的吧？而且这样也不占地方，不耽误饮酒，从容安详，一定程度上，也符合社会发展的需要。久而久之，投壶就代替射箭，成为宴饮时的一种游戏。

秦汉以后，投壶游戏得到发展，玩法也翻出了新花样，难度逐渐增加。比如在壶外设置屏风，让客人盲投，或让客人背坐反投。

值得一提的是，汉代的投壶方式有了改进。原来的投壶要在壶中装满红小豆，避免投入的箭杆跃出。汉代省去了红小豆，箭杆若跃出，可抓住重投；投壶的次数也没有硬性限制，可连投百余次。《西京杂记》载，汉武帝时有个郭舍人善投壶，可以"一矢百余反""每为武帝投壶，辄赐金帛"。由此可证。

魏晋时，也流行投壶。晋代在广泛开展投壶活动的过程中，对壶器也有所改进，在壶口两旁增添两耳。器具的创新自然引发新名目层出不穷。"依耳""贯耳""倒耳""连中""全壶"等，就是此时出现的。

宋元时期，投壶仍盛行于士大夫阶层。其实，这项活动在东汉以前礼教的意味比较浓，魏晋南北朝开始向技艺多样化发展，娱乐性增强了，隋唐时期亦是如此。在投壶游戏发展历史上，无法避开一个人，那就是宋代大儒司马光。他对投壶有悖于古礼而被过度娱乐化的趋势颇为不满，并从"礼"的角度，对投法加以限制。这样做的后果就是在一定程度上，阻碍了这项活动向技艺多样化、复杂化发展，自然也影响了它的娱乐性，为投壶这个游戏涂抹上了一层政治色彩。

入明之后，投壶并未拘泥于旧法，而是随着社会发展日益繁盛，进入新的发展阶段。明代也有不少关于投壶的著述。据载，当时的投法有140种之多。至清朝，投壶才日趋衰落。不过，到清朝末年宫中也还在流传。

投壶因为始终伴随着烦琐礼节，没有割断与礼仪的联系，始终无法成为喜闻乐见的单纯的游戏和体育运动，流传范围狭窄，这是其最致命的劣势。随着现代体育的传入和兴起，投壶逐渐退出历史舞台也就不可避免了。

伍

食行
衣住

今天你"汉服"了吗

　　四大名著之一的《红楼梦》对于人物服饰的描写格外细致，泼辣的王熙凤初登场时上穿"缕金百蝶穿花大红洋缎窄裉（kèn）袄"，外搭"五彩缂（kè）丝石青银鼠褂"，下穿"翡翠撒花洋绉（zhòu）裙"，色彩艳丽大胆，兼具贵气与俗媚。而写到薛宝钗的衣着便是蜜合色棉袄搭配葱黄绫棉裙，半新不旧，看去不觉奢华。《红楼梦》作为一本世情小说，宛如一幅写实的工笔画，一笔一画细致入微，每个角色的衣饰都恰到好处。如今，我们翻开书页可循着文字追寻中国古代服饰文化，走上街头也常能看到身穿各式汉服的男女老少。

　　汉服，全称"汉民族传统服饰"，又称"汉衣冠""汉装""华服"，承载了汉族的染、织、绣等杰出工艺和美学，是中国"衣冠上国""礼仪之邦""锦绣中华"的体现。"汉服"一词最早见于东汉蔡邕的《独断》："天子常服，汉服受之秦礼无文。"可见，汉服文化的奠基与汉朝重建周礼体系有着不可分割的关系。漫长的历史进程中，汉服也逐渐成为汉人自我认同的文化象征。

　　衣裳衣裳，上衣下裳，分体式的衣与裳是汉服中最基本、最古老的款式。春秋时期，各诸侯国分崩离析，风俗文化亦有所差别，衣服款式也有了明显变化，还出现了深衣。《礼记》载："此深衣衣裳相连，被体深邃，故谓之深衣。"深衣打破了上衣下裳的概念，更接近于我们今天见到的那些宽袍大袖的汉服，一定程度上限制了人们的动作，举手投足都要顾虑衣袖的摆动。也是从这一时期开始，衣冠与礼仪产生了更紧密的联系。秦汉时期，深衣已成为冕服、朝服的基本款式，算是汉服中的正装。

汉服文化传承千年，因朝代更替、文化发展，形制也多有变化。魏晋南北朝时期的汉服也称晋制，以自然洒脱、清秀空疏为特点。男子的服装袖口宽大，不受约束；女子的衣裙则多以合体的衫搭配宽松曳地的折裥（jiǎn）裙，潇洒又俊俏，行动时弱柳扶风，风流恣意。

唐制汉服承上启下，兼容并济，以雍容繁复为美。一般在正式场合，男子多穿圆领袍衫、幞头、革带、长筒靴，女子衣着分为裙、衫、帔三部分。襦裙是唐代女子的典型服装，她们通常上穿短襦小袖，下着紧身襦裙。裙腰系在腰部，为齐腰襦裙；裙腰系在腋下，则为齐胸襦裙。丝带垂坠，裙尾轻扫草叶，衬得穿着者身段俏丽修长，披帛将落未落地垂搭在手臂，好似一只半睡半醒的猫，更显慵懒。

宋制汉服沿袭了隋唐旧制，但由于宋朝尚文，加上程朱理学等因素的影响，该时期的服饰比之唐时更为简朴、严谨、含蓄。男子服装仍以圆领袍为主，官员除祭祀朝会以外都穿袍衫，并以不同的颜色区分等级；女子下裙较唐代更窄，且多添了细褶，上衫多为对襟，覆在裙外，凸显女子削肩细腰、临风照水之柔美。

　　进入明朝，汉服有了较大变化，总体形制虽仍旧仿照唐宋，但上装的长度有了明显的增长。女子多穿三领窄袖衣，下搭褶裙。明制汉服对于裙褶的宽窄十分讲究，因为下裙的露出比例有所减少，所以爱美的女性将心思都花在了裙褶与裙角纹饰上。比如，有在裙角部分绣出花鸟纹饰的，即花鸟裙；有用整块缎料手工做成细褶纹的，即百褶裙；还有前后里外四个裙门两两重合的，即马面裙。明朝还流行一种特殊的帔子，披在肩膀，垂搭身后，美如彩霞，故得名"霞帔"，下端常垂有金玉坠子，更显端庄。

　　汉服传承发展至今，除衣装本身的含义外，更承载着中华民族的历史文脉，它的一次次形制变化都记录着朝代的延续与革新，简直是一本活的文化史册。如今，越来越多的人开始接受、喜爱汉服文化，街头巷尾、微信朋友圈里也总能看到身着汉服的人儿。何不趁着传统佳节，穿上汉服，绾上发髻，加入他们，亲身感受一番传统文化之美呢？

风靡一时的中山装

> 岂曰无衣？与子同袍。王于兴师，修我戈矛。与子
> 同仇。

这句诗出自《诗经·秦风》，是春秋时期秦地的民歌。彼时，秦地比邻西戎，战事频发，因此秦国儿郎平时耕种放牧、安稳度日，战时便操戈持矛、保家卫国。这首创作于此情此景之下的秦地民歌，如同一封鼓舞斗志的请战书：大敌当前，兵临城下，我与你同披战袍，共赴国殇！而与秦人战袍具有相同意义的，还有民国的中山装。中山装也是一种诞生于炮火中，被赋予特殊精神价值的"战袍"。

孙中山在日活动期间委托华侨张方诚，以英军制服为基础，融入中华服装的特点，设计了一套新式男装便服的草图。返沪后，孙中山又找到"荣昌祥"的裁缝王才运，依图生产。此便服既非唐装，更非西装，汲取了军装制服干练利索的特点，又保留了中式服装儒雅敦和的气质，一经问世，便受到广大爱国青年的热烈欢迎，人们为之取名"中山装"。1929年，中山装经国民政府明

令公布为法定制服。20 世纪 50 年代后，中山装更成为从国家领导人到普通百姓的正式服装，人们在出席重大活动时，经常穿着中山装。

中山装形制对称，端正大方，四个口袋代表国之四维；前襟的五个扣子则代表五权分立；袖口三个扣子，代表三民主义；特有的立领设计，体现了庄重、严肃的精神面貌。中山装兼顾高雅稳重与活动方便的双重优点，既可作为正装礼服，又可作为日常便装，凸显穿着者沉着、稳健的气质。经过多次改良，如今的中山装色彩丰富，除常见的黑色、白色和灰色外，还有更显轻快的驼色和蓝色等，适穿于不同场合。

中山装的出现彻底改变了中国服装几千年来的袍服形制，颠覆了国人原有的服装概念，是爱国、进步、文明的象征，引起近代中国人的思想共鸣。如今，中山装更成为一种象征中华民族坚强不屈的文化符号，记录着一段艰难与共的岁月，承载着一份民族自豪感。

"岂曰无衣？与子同裳。"几千年来，这首秦时战歌一直响彻每个中国人的心中，诞生于特殊年代的中山装更是象征着中华民族的精神永存不灭，中华儿女的脊梁宁折不弯！

穿上旗袍，你就是最美中国女子

　　民国才女张爱玲在散文《童言无忌》中写过这样一句话："对于不会说话的人，衣服是一种言语，随身带着的一种袖珍戏剧。"

　　张爱玲对于服饰的爱好与审美，可以说到了一种偏执的程度。中式衣裙，西式洋装，各式各样的衣装中，她最爱的就是旗袍。从留存下来的照片可见，这位个性十足的女作家总是穿着不同款式、材质的旗袍，在各种社交场合尽情展现着自己的时髦穿搭。她不只自己要穿旗袍，笔下众多惊艳四方的女性角色也经常穿着各式旗袍，《倾城之恋》《色戒》《心经》等作品都对旗袍着墨颇多。她是当之无愧的旗袍痴迷者、旗袍设计师，甚至可以称得上是"民国旗袍穿搭女神"。

　　将一身尖刺展露在外，孑然而行，可内里却依旧是一匹温柔的锦缎。这是爱极了旗袍的张爱玲，也是众多民国女性的剪影。

　　旗袍是一种具有中国特色的传统女性服装，承载着中华民族近乎全部的近代史文化。关于旗袍的产生时间与样式起源存在诸多争议，但普遍认为这种别具美感的服装起源于 20 世纪 20 年代，后经历了一段时间的沉寂，直到近些年，旗袍文化又逐渐复兴。

1984 年，旗袍被国务院指定为女性外交人员礼服。北京亚运会、北京奥林匹克运动会、上海世界博览会等众多国际会事中，均以旗袍作为礼仪服装。2014 年 11 月，在北京举行的第 22 届亚太经济合作组织会议上，中国政府更是选择旗袍作为与会各国领导人夫人的服装。

其实，最初的旗袍并不像我们如今见到的这般曲线婀娜，与其说是旗袍，倒不如称为长袍更合适。巾帼英雄秋瑾先生在光复会登场时，就穿了一身玄青色长袍。这种长袍形似男装，线条顺直，身量宽松，不见曲线。因此，旗袍的推广还常与女子放足运动、剪发运动一起进行。越来越多的女子开始走上街头，走进学堂，走入工厂，像男子一样立足于社会。直到北伐战争胜利后，旗袍才开始恢复女性气质，展现曲线美。

旗袍风行了许多年，款式几经变化，彻底摆脱了老样式。20 世纪 30 年代至 40 年代是旗袍的黄金时代，这时的旗袍造型纤长，完全不输于同时期的欧洲流行女装。其间，出现了最受女学生欢迎的青布旗袍，可谓流行一时，以至于我们今天还能在民国背景的影视剧中见到这种"民国爆款"服饰。彼时，还出现了专门设计制作旗袍的时装公司。旗袍样式上也有了更为创新大胆的改革，甚至出现了无袖或短裙的设计。此时的女性也多以身形修长、线条瘦削为美，一袭旗袍从脖颈到腰身顺势而下，勾勒出一道薄而长的倩影，如一缕似有还无的诗魂，倔强而独立。

除了穿搭风格独树一帜的张爱玲，宋氏三姐妹、阮玲玉、林徽因等人也是民国旗袍界的穿搭红人。她们有着不同的身份和经历，偏爱的旗袍风格也大不相同，或端庄大气，或妩媚动人，或温柔雅意，而不同的旗袍样式也或多或少体现了不同的气质与追求。旗袍的出现对于民国女子们来说，意味着裁衣穿衣不再被要求循规蹈矩，只要有思想、够创意，就可以引领一代时尚潮流。

由各种文化碎片与思想精魄缝制而成的旗袍，可以说是自锦灰堆中燃起的一捧象征着中国近代女性意识觉醒的火苗。时至今日，台上台下、大街小巷、正式或非正式的场合中，我们经常能看到身穿一袭旗袍的女性。往往旗袍样式不一、材质有别，穿者也涵盖了各个年龄段，上自花甲银发的老人，下至双丫发髻的幼童。可谓世间美好千百种，星河灿烂一种，山河云海一种，皆不及你的风情万种。历史与文化赋予了旗袍别样的气质，它展现着中国女性独有的美，是自信，亦是包容。

八大菜系，你的家乡菜入选了吗

俗话说"民以食为天"。自古以来，老祖宗在吃饭上可没少下功夫。我国最早的四大菜系，就是老祖宗们一步步琢磨、研究、总结出来的，即鲁菜、川菜、粤菜、淮扬菜。每一种都有独到的烹饪技法和绝美味道。然而，中国地大物博，美食文化历史悠久，仅仅四大菜系不足以概括我们的地域美食特色。似乎八大菜系的说法更为人称道，分别是鲁菜、川菜、粤菜、闽菜、苏菜、浙菜、湘菜、徽菜。

每个菜系的形成都受到当地地理、气候条件、资源特产、饮食习惯等的影响，同时也和该地区悠久的历史密不可分。中国的八大菜系各具风韵，菜肴之特色也异彩纷呈，各有千秋。

鲁菜 即山东菜，主要以济南和胶东两地的风味菜构成。作为四大菜系之首，它是我国北方历史悠久、影响最大的一个菜系。鲁菜的雏形可追溯到春秋战国时期，经过漫长的发展，成为公认的一大流派。宋以后，鲁菜成为"北食"的代表，它选料讲究，刀功精细，调味适中，菜肴具有鲜咸适度、清爽脆嫩的特点。烹饪技法以爆、炒、烧、炸、熘、焖、扒等为主，调味善用大葱。

十分讲究清汤和奶汤的调制，清汤色清而鲜，奶汤色白而醇。明清两代，鲁菜为宫廷御膳主体，对京津和东北地区的影响较大。代表菜肴有"糖醋黄河鲤鱼""汤爆双脆""烧海螺""烤大虾""清汤燕窝"以及"干蒸加吉鱼""油爆海螺"等。

川菜　即四川菜，由成都菜、重庆菜和自贡菜等为主构成。川菜在先秦两汉时期就已具雏形，到宋代已经有很大的影响力了。川菜特点是酸、甜、麻、辣、香、油重、味浓，以酸、辣、麻等口味著称。烹饪技法注重烧、烤、干酥、熏等，以辣椒、胡椒、花椒以及姜作为主要调料。川菜擅长综合用味，在咸、甜、麻、辣、酸五味基础上，加入各种调料，形成复合味，如家常味、咸鲜味、鱼香味等。代表菜肴有"黄焖鳗""怪味鸡块""麻婆豆腐""夫妻肺片""小笼牛肉"等。

粤菜　即广东菜，主要是由广州、潮州、东江等地的风味菜构成。由于广州地处珠三角，水陆交通四通八达，是我国最早对外通商的口岸之一，再加上长期与西方往来交流，更加促进了粤菜的发展。明清时期，随着对外通商和对外交流发展迅速，粤菜逐渐汲取西餐的某些特色，形成别具一格的菜系特点。粤菜口味清纯鲜活，随时节不同，口味亦有变化，冬春多以浓郁口味为主，夏秋以清淡口味为主。烹饪技法主要有煲、泡、烩等。粤菜的调味品也非常具有自己的风格，多用蚝油、糖醋、果汁、酸梅酱、鱼露、豉汁等，这些调味品都是几种调味品混合而成，有所谓五滋（香、松、臭、肥、浓）、六味（酸、甜、苦、咸、辣、鲜）之别。值得一提的是，粤菜选料广杂，鸟、兽、鼠、虫、蛇等都可作为原料。有个老段子说得诙谐："广东人有三不吃——天上飞的不吃飞机，地上跑的不吃汽车，水里游的不吃潜艇。"固然夸张，却生动体现了粤菜食材涉猎广的特色。著名的粤菜有"三蛇龙虎凤大会""五蛇羹""蚝油牛肉""烤乳猪"等，单听菜名，就觉得很与众不同了。

闽菜　即福建菜，以福州、泉州、漳州、厦门等地的菜肴组成，以色调美观、滋味清鲜而著称。烹调技法以烹炒、干炸、爆炒为主，原料多是海鲜，如鳗、蛏子、鱿鱼、黄鱼、海参等。口味偏重甜酸，多以红糟调味。著名菜肴有"佛跳墙""淡糟炒香螺片""雪花鸡""醉糟鸡""酸辣烂鱿鱼""烧片糟鸡"等。

苏菜　即淮扬菜，由苏州、扬州、南京、镇江等地的风味菜构成。江苏素有"鱼米之乡"之称，一年四季的水产、畜禽、菜蔬为烹饪技术发展提供了优越的物质条件。苏菜始于南北朝时期，唐宋以后，与浙菜一样，成为"南食"代表之一。口味以清淡雅著称，制作精致，尤其擅长烹制河鲜、湖蟹等。烹饪技法上有炒、熘、煮、烩、烤、烧、蒸，菜肴具有香、鲜、酥、嫩、脆等特点。调料的使用也以突出本味为目的，多用调料为菜肴增色。其用料严谨，注重配色，讲究造型，四季有别。夏季色泽清淡，冬季色泽浓艳。苏菜造型美观，运用切配、烹调、装盘、点缀以及刻、包、卷酿，使菜肴色、香、味俱佳。著名的菜肴，热有"清汤三套鸭""南京三炖"等，凉有"逸圃彩花篮"等。

浙菜　即浙江菜，由杭州、宁波、绍兴、温州等地的菜肴构成其主流。浙菜制作精细，变化较多，以清鲜、香酥、细嫩为主要特点。烹饪方法以爆、炒、烩、烧等见长。代表菜肴有"西湖醋鱼""生爆蟮片""东坡肉""龙井虾仁""叫化童鸡""清汤鱼圆""干菜焖肉""大汤黄鱼"等。

湘菜 即湖南菜，以湘江流域、洞庭湖区和湘西山区的菜肴为主而形成。湘菜用料广泛，油重色浓，口味注重香鲜、酸辣、软嫩的特点。调料多以辣椒、熏腊为主，口味酸辣。烹饪技法以蒸、熏、烧、炖、干炒为主。代表菜肴有"麻辣仔鸡""腊味合蒸""冰糖湘莲""红椒酿肉"等。

徽菜 即安徽菜，以沿江、沿淮、徽州三地区的地方菜为主，食材以山珍野味为主。口味重，重油、重酱色、重火功，味道醇厚，保持原汁原味。烹饪技法注重炖、烧、熏等。代表菜肴主要有"符离集烧鸡""雪冬烧山鸡"等。

虽从"四大"扩容为"八大"，却仍不足以全面展现我国的各地美食，每个人都会对家乡的食物情有独钟，对所谓"四大菜系""八大菜系"肯定也有着独到的见解。那么你的家乡是哪里？你的家乡菜入选了吗？如果没有，也不必心急，毕竟众口难调，各地美食都有着独一无二的特色，都是无可替代的，是从幼年起就深植于我们记忆的难忘的味道。

送行的饺子迎客的面，反过来行不行

　　北方的同学看到这个标题必定感到很亲切，它还有很多雷同的说法，如"出门饺子进门面""起脚饺子落脚面""上马饺子下马面"等，其实都是一个意思，出行前一定要吃饺子，回家后的第一顿饭要吃面。这样的讲究在北方民间相当盛行。

　　国人向来重视团圆。古时交通不便，一旦漂泊在外就是经年，难免要与家人长久分离，于是，出门与归乡均被视为家中大事，每一次都要从食物上找些寓意，来寄托彼此的离情或祝福。那么为什么一定是送行的饺子迎客的面，反过来行不行？其实，这里头大有文章！

　　现如今，速冻饺子花样翻新，想吃什么馅儿就有什么馅儿，简直是手到擒来，古时包饺子可是要亲力亲为的，因为仪式感颇重，都是逢年过节、遇事特意为之。一般而言，家人打算出远门或者客人准备辞行都是能够预知的，可以早做准备，那么预备一顿送行的饺子也就相对从容了。而且包饺子的工序比较复杂，和面、擀皮、剁馅、和馅，再一个一个包起来，往往是全家齐动手，一边聊一边包，纵然离情在即，也让人倍感温暖。此外，送行吃饺子还有讨喜的意思。饺子有馅，吃了"有肚囊"。所谓"肚囊"就是心眼儿、智慧，一个人出门在外难免遭遇突发事件，多个心眼儿自然错不了。饺子谐音"教子"，严父的谆谆教诲、慈母的声声叮咛，只为孩子出门在外好好做事，平安顺利，早日还家。饺子形似古时的元宝，出门前吃上一碗，也寓意出门遇财，满载而归。饺子还含有"囫囵完整"之意，亲人的殷殷期盼与美好祝福尽在其中。这吃下去的哪里是饺子啊，全是满满的爱呢！

有去就有回，再说说迎客的面。同样是面食，面条做起来就比饺子简便许多。古时通信不便，有时预告了归期，但由于种种原因也很难做到准时到家，回家往往变成一件"措手不及"的事情，惊喜之余也给主妇出了道难题，饺子是来不及包了，而下碗香喷喷的热面条难度系数不高，还管饱解乏，相当应景。此外，面条带有庆贺顺利归来的意思，也有盼望长住、永不分离之意——吃下这碗热腾腾的面条，就可以将那颗在外漂泊的心收回来，在家踏踏实实地过日子了。

如今，科技的发展将人们的距离大大缩短，即便海角天涯也能做到时时沟通、互通有无，饮食的选择亦多种多样，早就不限于饺子面条的二选一，但身为游子就是这么奇怪，纵然尝遍天下美食，家里的味道仍是难以割舍的心头好。团团圆圆的饺子、长长久久的面条，它们都是家的味道，更是家人无限的关怀，走到哪里都是味蕾最向往的归宿。

北元宵，南汤圆：泾渭分明的不只是地域

> 卖汤圆，卖汤圆，小二哥的汤圆是圆又圆，一碗汤圆满又满，三毛钱呀买一碗，汤圆汤圆卖汤圆，晚来一步只怕要卖完，唉嗨哟……汤圆汤圆卖汤圆，晚来一步只怕要卖完。

听到这首优美动听的童谣，童年的美好回忆瞬息涌上心头，使人不禁想起元宵节那浓浓的节日气氛。正月是农历的元月，古人称"夜"为"宵"，正月十五是一年中第一个月圆之夜，所以称正月十五为"元宵节"。

关于元宵节的由来传说不少。据传汉高祖刘邦去世后吕后当权，极力培植吕家势力，以削除刘家势力。吕后死后，吕家人想夺权作乱，史称"诸吕之乱"。动乱后被平息，汉文帝顺利继位。他深感太平生活来之不易，就把"平吕"的这天定为与民同乐日，正好是正月十五。

元宵节的民俗活动非常多，像闹花灯、放烟火、猜灯谜、舞龙舞狮、踩高跷等，当然，更离不开应景的独特美食——元宵和

汤圆。北方吃的是元宵，南方吃的是汤圆。无论是元宵还是汤圆，都渗透着人们对美好生活的向往。

北方的元宵和南方的汤圆看起来没有什么区别，也都是在元宵节所吃的食物，但它们之间其实存在很大不同。

第一是制作方法。元宵，是以馅儿为基础，把准备好的乒乓球大小的馅料，放在装满江米粉的大笸箩里。馅儿球在互相撞击中不断翻滚，慢慢沾满了江米粉，体型变大，这就是一个元宵。汤圆，是以皮儿为基础，把糯米粉加水和成类似饺子面皮一般，要揉要醒，还得醒好几个小时。然后像包饺子一样，把各种馅儿放入糯米粉团中，反复揉搓，这就是一个汤圆。

第二是外形和颜值。元宵像青春期爆过痘的少年，满脸坑坑洼洼；而汤圆则像水乡潮湿空气里长出来的囡囡，皮肤光滑细嫩。由于制作过程比较"粗暴"，元宵满脸沾满了江米粉，不会光滑平整，还有些硬邦邦的。汤圆可是挨个儿用手搓揉出来的，一点儿坑都没有，说它是"软软的小可爱"一点不为过。

第三是馅料和吃法。元宵的味道相对来说较为单一，传统的元宵只有甜口一种，馅料却包括枣泥、花生、芝麻、什锦、山楂、巧克力等，五花八门。元宵的吃法十分丰富，当然主要是水煮，其他做法还有油炸、拔丝、烘烤、干蒸等，真是花样繁多。汤圆的口感丰富，常见的汤圆口味有甜、咸、荤、素，现在还有人赶新潮做出了水果汤圆、巧克力汤圆等，只要在包的时候选好馅料，就是一锅特立独行的汤圆。另外，由于汤圆过软，吃法基本就是水煮。就算是糯米小汤圆，加点酒酿，点缀些桂花，也还是煮制的。

第四是储藏方法。这也是因为汤圆和元宵的制作方法不同所致。二者的储存方法基本相同。汤圆贮存的时间长，放在冰箱里就好，如今速冻汤圆很常见，一年四季都可以吃到。元宵就不是那么容易储存了，多放几天或者冷冻后，就容易开裂，因为干糯米粉特别容易吸水，只有北方能够现场制作、当日售卖。这就意味着元宵只在特定时间段可以吃到，反而更具仪式感和节日气氛。

由此可见，元宵和汤圆的区别绝不仅仅在于形态差异。其实，不管是北方"滚"元宵，还是南方"包"汤圆，皆取团圆之意，无论时间、空间如何变换，元宵节依然是我们割舍不掉的精神符号，人们仍然习惯在这天体验团圆带来的美好体验。它们承载了丰富的时代与生活气息，镌刻了风俗的变迁。纵然汤圆和元宵的外形、味道已经发生了不小的变化，但不变的是人们对团圆、美满生活的向往和寄托，时至今日仍有着独特意味，让人心向往之。

过了腊八就是年，今天你喝腊八粥了吗

> 小孩小孩你别馋，过了腊八就是年。腊八粥，过几天，哩哩啦啦二十三。二十三，糖瓜粘，二十四，扫房子，二十五，做豆腐，二十六，炖猪肉，二十七，宰年鸡，二十八，把面发，二十九，蒸馒头，三十晚上熬一宿，大年初一扭一扭，除夕的饺子年年有。

这是一首朗朗上口的"忙年歌"，完整地描绘了各地传统民间的春节习俗，令人印象深刻。一岁之末为"腊"，意为新旧交替。一进腊月，人们就会本能地被即将过年的氛围所感染。腊八节作为进入腊月后的第一个比较重要的日子，自然受到人们的重视。

人们提起腊八节，首先想到的就是这天要喝腊八粥。

古时，腊八节是用来祭祀祖先和神灵、祈求丰收和吉祥的节日。东汉，佛教传入，为了扩大其在本土的影响力，逐渐附会传统文化。据说，佛教创始人释迦牟尼经六年苦行，于腊月初八在菩提树下悟道成佛，于是腊八这天被称为"佛成道节"。这六年

的苦行中，释迦牟尼每日仅食一麻一米。后人为铭记释迦牟尼所
受之苦，在每年腊月初八吃粥以纪念他。各地兴建寺院后，煮粥
敬佛的活动也随之盛行起来。

南宋吴自牧在《梦粱录》中载："此月八日，寺院谓之腊八。
大刹等寺，俱设五味粥，名曰腊八粥。"僧人们在这天吃杂拌粥，
以此纪念佛祖经历的苦难。此习俗被传承下来，每年腊八，各寺
院和大户人家会用谷米等做成粥，赠送给信徒们，并施舍给饥寒
交迫的穷人、乞丐、孤寡者，因此这一天也被称为"慈善日"。

此外，人们热衷于过腊八节，也离不开对新年的企望。在古
代，"腊月"被视为一年伊始。正如司马迁《史记》所载："腊明
日，人众卒岁，一会饮食，发阳气，故曰初岁。"古人讲究阴阳
调和，"腊明日"是引发阳气的时候，是一年的开始。所以，腊
八粥又称"腊八祝"，人们在腊八这天会祷告祝愿新年丰收富足。

腊八粥的食材丰富，用料十分讲究：两黄米（小米、黄米），
两白米（大米、江米），两豆（红小豆、绿豆），两果仁（核桃
仁、杏仁），两干果（小枣、葡萄干）；外加菱角米、栗子米、花
生米、榛子仁、松子以及白糖、红糖、乳蕈（牛奶、香菇）等加
水熬煮。腊八粥不但好吃，而且好看。延续至今，用料又增加了
多种，如桂圆、莲子、百合、枸杞、冰糖、紫米、香米、薏仁米
等，因此也被称为"八宝粥"。中国人总喜欢把美好愿望与诱人
食材通过味蕾连接起来，那些食材自然也被赋予了希冀：桂圆代
表"团圆"，核桃象征"和和美美"，百合意味着"万事和睦"。
这种食材的大汇总，相当于展示一年来的收获，庆贺当年的丰收，

并祈求来年风调雨顺、土地肥沃、昆虫不作、灾害不生，再来一个好收成。

此外，全国各地还有做腊八面、泡腊八蒜、晒腊八豆腐等食俗。据说北方之前有一些不产或少产大米的地方，人们不吃腊八粥，而是吃腊八面。泡腊八蒜，即将蒜瓣去掉老皮，浸泡在醋中，过年搭配饺子吃，是北方尤其华北地区的一个习俗。因为"蒜"与"算"字同音，民间有商户要在这天算清收支盈亏的说法。此外，山东还有"腊八扫屋"之习，人们把房子里里外外打扫干净，以此迎接新年的到来。

寒冬腊月，家人围坐，喝上一碗热腾腾的腊八粥，驱散的是冬日的寒意，带来的是节日的欢喜，更是体验人间烟火带来的无限快慰。满满一碗腊八粥，承载着和谐、吉祥、健康和感恩，谁能不动心呢？

远道而来的番茄，名扬四海的豆腐

番茄和豆腐是我们餐桌上的常客，不仅营养丰富，与各种食材搭配起来的口感也极好，常被制作成一道道色香味俱全的菜肴，如番茄炒蛋、番茄蛋汤、凉拌番茄、小葱拌豆腐、麻婆豆腐、红烧豆腐等。不过，很多人恐怕不知道这两种食材的来源大不相同。一个作为舶来品，远道而来登上了我们的日常餐桌，另一个本地出产却名扬四海，在世界各地广受欢迎。

番茄，又称"西红柿"，果实外形与中国的茄子雷同，又似柿子，因是海外（西方）"来客"，汉译名中有"番""西"二字。相传，番茄的"祖籍"在秘鲁和墨西哥，原先是一种生长于丛林中的野生浆果。当地人见其色泽艳丽异常，视其为毒果，敬而远之，还冠之以"狼桃"之名，未曾有人敢尝上一口，仅将之作为一种观赏植物。

据说16世纪时，有一位名叫俄罗达拉的英国公爵在南美洲之旅中，发现了这种红艳艳的植物，如获至宝般地将之带回国，作为礼物献给伊丽莎白女王，以示爱意。番茄自此被视为"爱情果""情人果"，而名声大噪，开始在异国他乡的土地被大量种植，仍只限于观赏。到了17世纪，一位迷恋描绘番茄的法国画家禁不住好奇心的驱使，决心"以身犯险"，冒死一尝这"狼桃"的滋味。他鼓足勇气吃下一口后，顿觉酸甜可口、神清气爽，可一想到其"毒果"的恶名，仍免不了忐忑不安。于是，他穿戴整齐躺到床上，焦虑地等待死神的降临。谁知过了很久，他不但没有感到丝毫不适，回味起咀嚼番茄时的绝美感觉，不禁心旌荡漾。他激动不已地将"番茄无毒"的消息告知身边友人，大伙儿全都惊呆，一时间奔走相告，昭告天下。就这样，番茄彻底摘掉了"毒果"的帽子，并迅速传遍全球，给上亿人带去了意想不到的口福。18世纪，意大利厨师用番茄做汤、制酱，因其色艳、味美，食客无不交口称道。番茄凭借一己之力，博得众人之爱，终于登上世界各地寻常百姓的日常餐桌。

首个记载番茄的国内文献是明代赵崡的《植品》（1617年）。书中提到，在稍早的万历年间，西洋传教士将番茄和向日葵一起代入中国。清光绪中期，国人才开始食用番茄，选择较好的品种引入。后来，番茄在国内被大面积种植，作为一种重要的经济作物，其产量远远高于其他蔬菜，种植效益可观，迅速成为各地的主要蔬菜作物。如今，中国已晋身为全球三大番茄主产区之一，另外两个是美国和意大利。

与番茄的出身恰恰相反，豆腐这种价廉物美的食品，是中国人民饮食文明的结晶之一，也起源于我国的一项历史悠久的发明。

相传豆腐是公元前164年，由汉高祖刘邦之孙——淮南王刘安所发明的。刘安热衷于谈仙论道、著书炼丹。一次炼丹过程中，由于众人使用黄豆汁培育丹苗时偶然间与石膏混为一体，一种乳白色的鲜嫩绵滑的膏体诞生了。众人看到这种膏体，一时不知所措，但为了能够长生不老也都豁出去了，纷纷将这种膏体送入口中。令人意外的是，这种物质不仅口感丝滑，还具有绵软的特殊味道。自此之后，淮南王刘安被尊称为"豆腐始祖"或"豆腐仙"。

到了宋朝，豆腐才逐渐普及；至清代，豆腐扩及上层家庭，有时甚至被调理成帝王专用的菜肴。人们说慈禧太后驻颜有方，其中一个保养秘诀就是每天都要"吞珠食玉"，即每天都要吃一味润肤养颜的"珍珠豆腐"。足见其营养价值可观。

时至今日，豆腐已有2100多年的历史，深受我国人民及世界人民的喜爱。豆腐生在东方，很早就从中国传出去了。最早的考证是在12世纪末的一篇僧人日记中一则有关豆腐菜品的记录。16世纪时，豆腐普及开来，成为日本人餐桌上的常见食物。

豆腐在西方，多是由华人发扬光大，这就不得不提及李石曾先生。1900年，21岁的李石曾留法。几年后，他在法国开办了一家豆腐公司，可以说是最早把豆腐推介到海外去的人。当时正值清末，许多年轻人赴海外留学，豆腐公司成为勤工俭学者最早的实践场所，同时也成为支援革命的财源。当年，人们可以将豆制品做成全份西餐，包括用豆浆制成的咖啡、豆乳，为一些西方素食主义者提供了代替肉类和奶制品的最佳选择。由此，豆腐在西方世界扬名，受到了食客广泛的喜爱。

东坡肉："呵呵才子"苏轼的招牌美食

苏轼，即苏东坡，写出"但愿人长久，千里共婵娟"的宋代大才子，"自笑平生为口忙"，一生致力于研发百姓美食。要说这位著名"吃货"拥有的美食 IP，那得整出一套东坡菜系——以东坡肉居首，以东坡鱼、东坡肘子、东坡豆腐、东坡饼为主要支撑，再以东坡羹收尾。其中居首的东坡肉，尤其值得泼墨一说。

东坡肉，又名滚肉、红烧肉，酒香浓郁、肥而不腻、入口即化，是江南地区的传统名菜，既属浙菜，亦属川菜。东坡肉的主料和造型大同小异，都是半肥半瘦的猪肉，加入配料焖制而成，成品造型都是码得整整齐齐的麻将块儿，红得透亮，色如玛瑙，夹起一块尝尝，软而不烂，香糯可口。

说起东坡肉的由来，这得追溯到宋神宗熙宁十年（1077 年）。当时苏轼任徐州知州，黄河水泛滥，在曹村决口，洪水汇集在徐州城下，水位高涨。情况相当危急，必须尽快疏洪，苏轼一马当先亲率兵卒，挥锹抢铲筑起了长堤。其间，苏轼吃住在堤上，派士兵日夜轮守，经过几十个昼夜的奋战，洪水退去，徐州城保住了。百姓深感于苏知州不畏艰险、守卫城池的爱民之心，纷纷杀猪宰羊，带着酒菜来府上致谢。苏轼极力推辞，但盛情难却，便教家人把收到的猪肉制成红烧肉，回赠给参与抗洪的百姓。百姓吃过后，觉得此肉肥而不腻、甜香可口、入口即化，冠以"回赠肉"之名，久而久之就成了闻名遐迩的"东坡肉"。

苏东坡还记录下了烹饪此肉的心得体会，即《猪肉颂》：

> 净洗铛，少著水，柴头罨（yǎn）烟焰不起。待他自熟莫催他，火候足时他自美。黄州好猪肉，价贱如泥土。贵者不肯吃，贫者不解煮，早晨起来打两碗，饱得自家君莫管。

如今，东坡肉经过后来者的加工精进，变成一道色香味俱全的传统名菜，家喻户晓，声名甚至远播海外，据说美国洛杉矶就有一家眉州东坡酒楼，日日高朋满座。

东坡肉之所以人气爆棚，不仅因为本身好吃，更重要的原因还是研制此菜的苏东坡。苏轼被贬黄州后，心态和生活态度都发生了转变。此前，他挣扎于朝廷的党争旋涡中；此后，不管是被贬黄州、惠州，抑或儋州，他慢慢学着融入百姓日常，最热衷的就是赋诗作词、研究美食。这在他与友人的通信中，就能觉察一二。苏东坡在 39 岁那年冬天，密州任上的他给好友鲜于子骏致信："所索拙诗，岂敢措手……近却颇作小词，虽无柳七郎风味，亦自是一家。呵呵。"意思是：你跟我要诗，小弟我有点拿不出手啊！我呢，最近喜欢写点小词，特附词一阕发你看看，虽说没有柳永的味道，却也自成一格。呵呵。信中，苏大学士表现得挺谦虚，却难遮得色，顺便还调侃了一下柳永。一句"呵呵"，让一个亲和、"傲娇"的顽童形象跃然纸上。当然了，人家的确有得意的资本，他嘴里的"小词"，其实就是大名鼎鼎的《江城子·密州出猎》："老夫聊发少年狂，左牵黄，右擎苍，锦帽貂裘，千骑卷平冈……"从他嘴里出来的"呵呵"，一点也不讨人嫌，还觉得很是诙谐可爱！

被贬海南儋州时，花甲之年的苏轼即将走到人生尽头，在给友人的信中写道："儿子比抄得《唐书》一部，又借得《前汉》欲抄。若了此二书，便是穷儿暴富也。呵呵。"人生将尽，还自得于抄书之乐，将抄书看成"穷儿暴富"的途径，再度搭配"呵呵"，好像很是心满意足，沉浸其中。性情至此，真要称呼一声"男神"了！

这位曾因在东坡上喝酒吃肉被锁在城外，最后翻墙回家的"呵呵才子"，就像林语堂先生说的那样，是"不可无一，难能有二"的人间绝版。因为他，才有了脍炙人口的东坡肉。而其"呵呵自得"的生活态度促使他研发出了更多美食，如火烤羊脊骨、东坡鱼等，也都有着有趣的来历故事。大家闲来无事时，不妨也去探究一下吧！

很快的棍子：筷子原来真的是顾名思义

传说，姜子牙的妻子受不了丈夫除了钓鱼其他什么也不干的行为，便想害了他，之后好改嫁。这天，姜子牙回家后，妻子给他吃肉，这时一只神鸟飞来，不让他吃，并暗示他用细竹丝夹肉。姜子牙照做，发现细竹丝冒黑烟，当即明白了其中的猫腻。此事传开后，人们就都用细竹夹东西吃了，这里的"细竹丝"就演变成今天的筷子。

筷子在中国是生活必需品，方便快捷，不可一日无此君。它历史悠久，至少历经了3000多年，记载并传承了国人独有的情感寄托。它不仅是一种餐具，更是东方文明的象征，是中华民族智慧的结晶。

可它为什么叫"筷子"，而不是别的什么呢？其实，筷子最早叫"箸"，至明代逐渐改称"筷子"，主要是为了避讳谐音。"箸"谐音"住"，而江南水乡的船家是最忌讳"住"的，船在水中停住可不是什么好事。那不叫"箸"叫什么呢？干脆反其道行之，就叫"快"吧！这也寄托了人们对"行船畅快无阻"的美好愿望。后因大部分筷子是用竹子做的，就把"快子"改作

"筷子"了。有意思的是，至近代，上海租界流行"洋泾浜英语"，因有些筷子是木质的，读音跟"快"一样，就把它译成chopstick，即chop（迅速）和stick（树枝、木棍等）的组合，直译就是"很快的棍子"。当然，这种简单粗暴的翻译已不符合"箸"的本义，却暗合了以前船家想要的"快意"。

筷子的寓意深刻。一双分为两根，代表国人关于太极和阴阳的理念。太极是一，阴阳是二，一分为二，代表万事万物都由两个对立面构成，合二为一。阴阳结合，结果才是完美的。其外形一头圆、一头方，圆象征天，方象征地，对应天圆地方，这是国人对世界基本原则的理解。方在上，圆在下，直接接触食物，代表"民以食为天"。其标准长度为七寸六分，代表人的七情六欲①。将筷子做成七寸六分，即提醒人们要克己复礼，节制欲望，不要暴饮暴食。执筷时，拇指在上，无名指、小指在下，中指在中，代表"天地人"三才之像，即办事要讲究"天时、地利、人和"。如此简单的一个物件却高妙绝伦地应用了物理学的杠杆原理，并渗透着博大精深的传统文化，这就是中国人的智慧。

筷子的使用更能体现出一个人的文明和修养，尤为需要注意以下几条禁忌。

一忌"执箸巡城"，即手里拿着筷子，旁若无人地用它来回在桌上的菜盘里寻找，不知从哪里下筷为好。夹到饭菜，不管这

---

① 七情：喜、怒、忧、思、悲、恐、惊；六欲：见欲、听欲、香欲、味欲、触欲、意欲，与人的眼、耳、鼻、舌、身、意的生理需求相对应。

道菜你是否喜欢，都要把它们夹走。如果来回寻找，便显得很没修养，令人反感。

二忌"迷箸刨坟"，即手里拿着筷子在菜盘里不住地扒拉，捡自己喜欢的夹，像盗墓刨坟一般。这种做法同"执箸巡城"相似，都属于缺乏教养的行为，令人生厌。

三忌"落地惊神"，即失手将筷子掉落在地，这是严重失礼的表现。古人认为，祖先全都长眠于地下，不应受到打搅，筷子落地等于惊动了地下的祖先，这是大不孝，这种行为是不被允许的。

四忌"当众上香"，古人在祭祀祖先的时候，都会将筷子插在米饭上，寓意祖先可以吃到饭菜。聚餐时，如果随意将筷子插在饭碗里，就会让一起就餐的人感觉不适。

五忌"品箸留声"，即把筷子含在嘴里来回嘬，同时发出声响，被视为十分低贱且缺乏家教的表现。

六忌"击盏敲盅"，顾名思义，就是用筷子敲打碗盆，通常是乞丐要饭的行为，为人所不齿。

以上提到的做法大多是失礼且不被提倡的，我们在日常饮食过程中应当格外注意，这些都体现了一个人的基本素质与涵养。小小的一双筷子，背后竟藏着如此深厚的文化底蕴，令人无比赞叹。

古人为什么讲究房屋要坐北朝南

　　"宁丢家财万贯，不舍房屋向南"，这是老一辈人给后辈留下的有关建造房屋的俗语，意思是宁可丢弃万贯家财，也不能舍弃房屋面向南方。这是前人通过长期观察得出来的经验，不仅是古人智慧的结晶，也表达了人们一直以来对美好生活的向往。

　　房屋坐向是古代传统建筑的说法，中国民居多数采用四合院的形式建造，各个房屋的坐向代表了其位置的好坏。判断房屋坐向采用以下的方法：在屋内，面向屋门，此时面向的方向就是房屋坐向，叫"向"，而房屋所在位置叫"坐"，坐北朝南的房子，就是位于北侧、门朝南的房子。

　　从气势宏伟的紫禁城到礼乐昌隆的曲阜孔府，从名刹少林寺到名楼黄鹤楼，大到皇宫庙堂，小到百姓院落，中国古典建筑大都蕴藏着一个亘古不变的规律——"坐北朝南"。

　　关于坐北朝南的来历，《周易·说卦》有言："离也者，明也，万物皆相见，南方之卦也。"意思是说，在八卦之中，离卦象征光明，当太阳处在正当中的位置时，照耀南方，使万物显明。这是代表南方的卦，所以古代帝王取法离卦，坐在北方，面对南方接见群臣，听取天下政务，象征面对光明，治理天下。故而《周易·说卦》语："圣人南面而听天下，向明而治，盖取诸此也。"古代君王登基之后便向南而坐，位置都是坐北朝南，称为"南面称王"或"南面称帝"。

南代表尊，那么北自然就代表卑了。《说文解字》中提到，北有相违背的意思。最早的甲骨文中的"北"就好像两个人背靠着，似乎在怄气，后来有了"败北"的说法，就是背着敌人，即逃跑。因而在众多文言文中，很多时候打了败仗不说"败"，而说"北"。如果房屋"坐南向北"，就表示未来将会走向失败，这显然不是大家愿意看到的。生活在北半球的中国古人，看到的朝向南边的树木都是欣欣向荣的；而朝向北面的树木，则相对凋敝。古人有"天人合一"的思想，树木如此，人类亦然，因而房屋朝向南方，自然也会带来兴旺发达。

除了受到传统思想的影响，从现代科学角度看，人们之所以要选坐北朝南的房子，是因地制宜。中国的整体走向是西北地势高、东南地势低，一旦高原寒气来袭，必定沿着西北方向往东南方向刮。由于我国处于北半球、欧亚大陆东部，大部分陆地位于北回归线以北，太阳在哪里，房屋就朝哪里，一年四季的阳光都由南方射来，那么朝南的房屋便于采光。再者，我国古代房屋一般都很低矮，很少做防潮措施，水汽容易涌起来。如果缺乏日晒，就很容易返潮。此外，屋内会有厅堂，这也影响采光效果。

另外，还与风向有关。风分为阳风和阴风，阳风也就是暖风。冬天的时候，刮的是阴冷的北风。空气中的寒气很容易使人感染风湿、类风湿等疾病。坐北朝南的建筑格局，可以有效阻挡寒冷的北风，到了夏天，由于南北通透，也会使房屋的通风效果好，让人感到凉爽，正所谓冬暖夏凉。

可见，坐北朝南不仅可以避开北风，还能抓住南风，好处多多：一是可以取暖，冬季时南房比北房的温度高 1~2℃；二是房屋采光好，有助于人体维生素 D 的合成，阳光中的紫外线具有杀菌作用，尤其对通过呼吸道传播的疾病有较强的灭菌作用，可增强人体免疫功能。

总之，从我国地理位置、百姓风俗、传统思想以及居住舒适程度来看，确实是坐北朝南的房屋最适宜。坐北朝南是哲学、文化与科学的巧妙结合，是对自然现象的正确认识，是中国古人智慧的高超体现。

紫禁城都"禁"了些什么

北京故宫，旧称"紫禁城"，是明清两代的皇宫，是中国现存最大最完整的古建筑群。据说，故宫模仿的是天宫的构造，讲究天人合一。紫禁城的"紫"代表"紫垣正中"，玉皇大帝在天庭的居所就叫"紫微宫"，是所有星宿的中心，紫微正中，有众星捧月之势，极为尊贵，严禁侵扰。由于它被众星围在中间，犹如君主一样，所以称它为"天子之星"。皇帝自命为天地之子，所以"紫"是天子的象征。古时，皇宫属于禁地，常人不能进入，故取"禁"字作为皇城之名，平添了皇家的威严。那么，紫禁城都"禁"了些什么呢？

首先是出入大门的规定严格。午门的中门等级最高，供皇帝出入，皇后只有在大婚当天入宫时经过一次，殿试的状元、榜眼、探花出宫时能走一次，余者一概禁止。平时，宗室王公出入皆走午门的右门，文武品官出入皆走左门。其他如内阁官员、侍卫、内务府官员、各执事人、内监、厨役、工匠、服役人等，分别于东华门、西华门或神武门出入。

乾清门是内廷第一道禁门，任何官员没有特旨，一概不许入内，只有御前侍卫、南书房大臣等可以出入。御前大臣、军机大臣等如奉旨，须走内右门，王公、大臣、官员进宫办事，除规定带护卫官员准予照旧随带外，自王公以下至文职三品以上，武职二品以上大员和内廷行走各官所带仆人等，行至景运门、隆宗门外，均于台阶下二十步以外停止，不得至附近台阶处。

其次是禁止乘轿骑马。在东、西华门外置有下马石碑，镌刻着"至此下马"的满、蒙古、汉、藏等五种文字。清代，只有一品、二品大臣可在紫禁城内骑行，年龄在 60 岁以上者，经皇帝恩准方可；年龄 70 岁以上的朝中重臣，经皇帝批准也可乘肩舆入紫禁城。当然，这个规定后来有所放松，允许一部分长者和患者乘轿上朝。

再就是随从人数也有规定，主要针对的是王公大臣、官员进入午门、东华门、西华门、神武门所带护卫、随从的人数。亲王、郡王可以带 10 人；贝勒、贝子及一品文武大员准许带 8 人；二品文武大员及三品京堂准带 6 人；四品、五品、六品京堂官准带 4 人；八品以下，武职七品以下官员准带 1 人，超出规格者按例要罚俸一年。

最后，各宫门内外石台阶上的栏杆柱顶上的花球也暗藏玄机。临近门洞外的几个顶端遍布打穿的小孔，叫"石别拉"，是古代的警报器。每当遇到外敌入侵或是火灾，守兵用口吹石球上的小孔，石球发出浑厚嘹亮的"呜呜"警报声，会传遍整个紫禁城。在清代，只有亲军或护军的旗人以及内廷的侍卫太监，知道这种警报器的吹法。

　　紫禁城坚如磐石、防守严密，宫禁制度面面俱到、处罚严厉，这毕竟是皇帝居住之所，绝不能轻易造次，保证王朝的安全最为重要。

　　紫禁城是历史的缩影，是中国传统文化的结晶，是中华文明的见证与载体。

颐和园十七孔桥的奥秘

坐落于北京市海淀区的颐和园,原名清漪园,始建于清乾隆帝十五年(1750年)。它是一座以万寿山和昆明湖为基址,借鉴江南园林的设计手法和意境建成的大型天然山水园,被誉为皇家园林博物馆。这里的春天有樱花纷飞,夏天有绿荷凉雨,秋天有芦苇摇曳,冬天有金光穿洞。无论何时,只要开园,游客就络绎不绝,乃旅京的必游之地。

在四季都美轮美奂的颐和园中,冬日十七孔桥的"金光穿洞"尤为令人惊奇。该奇景是因园中十七孔桥与南回归线处于垂直状态,当冬至前后太阳直射南回归线时,落日余晖正好照在十七孔桥所有桥洞的侧墙上,看起来就像是金光穿过桥洞,远远看去,整座桥像是一条泛着金光的巨兽,横卧在湖上;此时,若将桥身与湖中倒影连起来看,又像是一个虫蛹状的船舱,神秘感满满。

奇异的十七孔桥,桥长150米,宽8米,因由17个桥洞组成而得名,是园内最大的一座石桥。它横跨于昆明湖和南湖岛间,西边连着西湖岛,东边接着廊如亭,不但是步行通往南湖岛的主要路线,还是园中的打卡景点。造型优美的十七孔桥,将昆明湖的水面分出层次，水面明亮清澈，月亮独挂在深邃的夜空，千亩碧波尽收眼底的空旷和孤寂，因桥的点缀而消弭无踪。桥上的对联这样写道："虹卧石梁岸引长风吹不断，波回兰桨影翻明月照还望。"水上之桥，桥下之水，相互映衬，可以看出造园设计者的神来之笔。

那么桥洞为什么要建17个孔呢？因为除去桥身正中的大孔，两边各8个桥洞，从桥两端数至中间最大孔正好是"九"，而"九"被称为极阳数。前文也有讲到，"九"之所以为人们所崇尚，主要因为在传统文化中，"十"是满盈之数，物极必反，满则溢，极盛必衰，而"九"为"百尺竿头更进一步"，永远呈上升趋势，因而被视为至尊之数，皇宫建筑中常出现九的倍数也就不足为奇了。

十七孔桥两侧的栏杆上，雕刻有大小不同、形态各异的石狮共544只，比起以"石狮子多到数不清"著称的卢沟桥，还多了42只。令人惊叹的是，这五百多只石狮造型各异，姿态不尽相同，有的是母子相抱，有的是玩耍嬉闹，有的是你追我赶，还有的凝神观景，无不惟妙惟肖。在桥上观赏石狮的奇趣造型，别有一番趣味。桥的东边有一尊镇水铜牛，卧伏在雕花石座上，神态生动、形似真牛，是清乾隆二十年（1755年）用铜铸成，称为"金牛"。据传是为镇压水患而起。牛背上还铸有由乾隆帝撰写的80个字的篆体铭文——《金牛铭》。

这巧夺天工的长桥，无论晴天雨天、飘雪升月，永远静卧湖上，处变不惊，像是见证着什么，又像是守护着什么，任人去赏，去看，去追忆。

尺有所短、寸有所长，度量衡到底统一了啥

"秦王扫六合，虎视何雄哉！"此言出自唐代李白的《古风·秦王扫六合》。该诗全面评价了秦始皇的功过，千古一帝却落得家破国亡的结局。秦始皇是一位富有传奇色彩的划时代人物，是中国历史上第一个大一统王朝——秦王朝的开国皇帝。虽然秦朝仅存活了十余年，仍然为后世留下了无比宝贵的财富，那就是地域、文化、经济的统一，包括书同文、车同轨、统一货币和度量衡，这里主要谈谈度量衡。

度量衡是国家一切制度的基本标准，历来受到统治阶级的重视，并设有专门机构来管理度量衡事宜。"度"即长度，"量"即容量，"衡"即重量，"度量衡"分别指计量长度、容量、重量的标准或器具，统一度量衡即统一长度、容量和重量。

春秋战国时期，群雄并立，各国在量制上差异较大，为人们带来了极大的不便。商鞅变法前，秦国各地度量衡不统一。衡制没有什么差别，只在量制上差别很大，但仍有共同点，即把"升"作为最小计量单位，但从"斗"开始，就有所不同。这就阻碍了各地区之间的交流，不利于相互认同，为国家税收造成了一定

麻烦。

秦孝公时期，为了保证度量衡的顺利统一，商鞅制造了标准的度量衡器，即秦量，以战国时期秦国量制为标准，也包括秦统一后加刻诏书重新颁发的战国秦量。如今传世之"商鞅量"上有铭文，记有秦孝公监造，"爰（yuán）积十六尊（寸）五分尊（寸）之一为升"。从"商鞅量"中得知，商鞅规定的 1 标准尺约合今 0.23 公尺、1 标准升约合今 0.2 公升，这种权量出土多、分布广，长城以外也有发现，可见官方统一度量衡是认真有效的。

秦始皇统一天下后，为不影响王朝的经济交流和发展，丞相李斯上奏，建议废除六国旧制，把度量衡从混乱不清中明确统一起来，得到秦始皇的认可。度制以寸、尺、丈引为单位，采用十进制计数；量制则以合、升、斗、桶为单位，也采用十进制计算；衡制则以铢、两、斤、钧、石为单位，二十四铢为一两、十六两为一斤、三十斤为一钧、四钧为一石固定下来。为了有效地统一制式、划一器具，李斯又从制度上和法律上采取措施，以保证度量衡的精确实施。

此外，秦朝还立法杜绝私造度量衡器，春秋战国时期有大量"私量"存在。私量又叫"家量"，是大家族私自制造的一种量具，其目的就是盘剥百姓。他们常以小斗出货，以大斗收。除此之外，秦朝还规定，度量衡器具失准也要严处有关官吏，对备用器具也必须按时校准。这是一件经常性工作，和统一与否没有直接关系，仅仅是为了确保朝廷税赋如实入库、账物相符的需要。

秦始皇统一度量衡的目的，在于建立统一的地主阶级赋税制度和封建管理的俸禄制度，防止官吏贪污舞弊，侵蚀地主阶级国家的利益，但其客观上对于商业、手工业的发展，以及方便全国各地的物资交流和经济联系，起到了很大的促进作用。

实现大一统后，度量方面的一致性，让国家变得更加稳固。二者是相辅相成的，没有国土的统一，经济领域的标准就很难达成一致；而计量的一致性使经济更加强盛，思想文化更加统一，内外的矛盾也逐渐得到缓解。

"卧榻之侧"的"榻"说的是床吗

宋代杨亿在《杨文公谈苑》中提道:"开宝中,王师围金陵,李后主遣徐铉入朝,对于便殿,恳述江南事大之礼甚恭,徒以被病未任朝谒,非敢拒诏。太祖曰:'不须多言,江南有何罪?但天下一家,卧榻之侧,岂可许他人鼾睡?'"大意是,宋太祖赵匡胤准备攻打南唐首都金陵时,李后主派遣徐铉入朝,诚恳礼貌地表示攻打江南事关重大,江南并未犯什么错误,为什么要打?并委婉地要求撤兵。宋太祖的回答却不容置疑:"不须多言,江南有何罪,但天下一家,卧榻之侧,岂可许他人鼾睡?"没多久,江南城陷,李后主归降,由一国之君变成写尽千古人世无常之痛的词人。

"卧榻之侧,岂可许他人鼾睡",比喻捍卫自己的利益,不容许他人侵占,此后常被引用。那么这句话中的"榻"指的是用来睡觉的床吗?

其实不然。虽然今天说的"榻"是指狭长而较矮的床形坐具,泛指床,但在古代,床和榻可不是一回事。

从来源上讲,床起源于土台,很像今天的炕,甲骨文中有像床形的文字，说明商代已经有床了。但是，那时候的床不是用来睡觉的。距今最早的床是在信阳长台关的一座大型楚墓中发现的，上面刻绘着精致的花纹，周围有栏杆，下有 6 个矮足，高为 19 厘米。榻的起源则是席子，席居文化起源于春秋战国。早期的席子只是薄薄的一层草席，后来人们为了坐着更舒服，就将较粗糙的稻草秸秆铺在下面，称"筵"，将较细软的稻草秸秆铺在上面，称"席"。"筵席"一词就是这样来的。中国人历来好客，有朋自远方来，往往要摆酒设宴，于是"筵席"逐渐变成"酒宴"的代名词。这种席子历经发展，到了西汉时期，人们也开始称其为"榻"，相当于升级版的席子。

从形态上讲，床更高大宽阔，榻更狭长低矮。值得注意的是，床、榻都是富贵人家才有的家具，贫穷卑贱者通常都是席地而坐。

从功能上讲，床是用来睡觉的，榻却可坐、可卧、可躺。榻一般放在书斋或客房，小憩的时候随便坐坐，或者给客人留宿用，类似如今的沙发床或折叠床。

我们还听过一个词，叫"下榻"，通常是指礼遇宾客，代指住宿或寄居的意思，现在仍常用，一般限于书面。那么，这个词是怎么来的呢？为什么是"下榻"，而不是"上榻"？这儿也有一段故事。《后汉书·陈蕃列传》中载，东汉时，南昌有位太守，叫陈蕃，性格耿直，非常重视有才能的人。当时有个人，叫徐稚，字孺子，家里虽清贫，但他从不贪慕富贵，由于其品德好，学问渊博，颇有名望，地方上也多次向官府举荐他。尽管如此，徐稚仍安于清苦的生活，官府召他任职，他坚辞不就，当地一些人称他为"南州高士"。陈蕃听说徐稚的情况后，便诚邀其见上一面。徐稚深知这任太守的品行，便接受了。陈蕃特地准备了一张挂在高处的榻，等徐稚来了，就把榻拿下来招待，等他离开，又把榻重新高高挂起。由此，人们便把礼遇最尊贵的客人称为"下榻"。

到了隋唐时期，还有"胡床"和"绳床"等舶来品。胡床可以折叠，方便随身携带，相当于现今的折叠椅、北京人说的"马扎儿"。绳床类似现代带靠背的高脚座椅，还有罗汉床、架子床等。可见，自古用来坐的、卧的、躺的用具就各式各样，不尽相同。

"八百里加急"放今天，还有快递什么事儿

　　诗人岑参在《初过陇山途中呈宇文判官》一诗中把驿骑比作流星："一驿过一驿，驿骑如流星。平明发咸阳，暮及陇山头。"一个驿站接着一个驿站，驿骑快如流星，黎明时分从长安出发，傍晚已经越过陇山之巅。可见，古时候信息传递速度之快。

　　"八百里加急"是中国古时传送加急文件的最高级别，一般都是军事消息。以前文件、消息的传输可不像现在，手指在手机上划两下就成了，私人之间还可以飞鸽传书，但传递国家级别的消息还得靠驿站，一般每隔二三十里就有一个，一旦公文上有注明"马上飞递"，就必须按规定以每天三百里的速度传递。如遇紧急情况，速度可达每天四百里、六百里，最快达八百里。"六百里加急""八百里加急"是用来表示情况紧急程度的，如"战时主帅战死"这样的消息，一般会用"六百里加急"。若非边关告急、大规模的造反等极其特殊的情况，通常不会使用"八百里加急"，因为那样的话，驿站之间人和马都要一刻不停，顾不得吃喝，很有可能出现意外情况，比如人和马累死等。

　　当年，安禄山在幽州（范阳）造反，距离华清宫三千里，事

发五六天后，身在华清宫的唐玄宗就知道了。按照消息传递的速度看，发的就是"六百里加急"。还有大家耳熟能详的"一骑红尘妃子笑，无人知是荔枝来"的故事，可能也用到了"六百里加急"。杨贵妃若想吃到新鲜可口的荔枝，那运输速度一定要快，也许就是那种快到只看到滚滚烟尘却没看到烈马掠过的速度。

　　古时交通工具不发达，不可能单枪匹马地完成消息的远距离传输，于是就出现了大量驿站。驿站里提供食宿和马匹，文件每至一个驿站，就换人换马，继续传递。骑行过程中，不只马累，对骑马的人，也就是驿丁的身体素质也是很大的考验，要经受得住风吹日晒，因为送信的过程中什么样的恶劣天气都可能碰到，若是耽误了紧急信息的传达，可没什么好果子吃。唐代规定，驿丁到了驿站如果不换马要杖八十；若耽误行期，晚到一天杖八十，重者被处以两年的牢狱，如若中途丢件，重者会以绞刑伺候。其实若非驿丁自身的原因，快件一般是不会丢失的，因为路上无人敢打劫抢夺。唐律规定，耽误的若是紧急军事文书，则罪加三等，因书信延误而招致战事失败要判处绞刑。土匪也知道这是得不偿失的事。

　　放眼现在，时代发展了，交通工具也随之进步，经济空前繁荣，物流行业异军突起，而且名目繁多：闪送、同城件、普快件、标准件……不一样的需求，对应不一样的运输速度，其本质仍是一站一站连接起来，接力传输，最终完成将一个地区的货物运输至另一地区，和古代的驿站异曲同工。

　　当然，"八百里加急"不能直接对标今天的快递业务，毕竟二者所处的时代不同，不具可比性，但不可否认的是，它们在各自的时空，都发挥着各自最大的功能。真的叹服科技的伟大，再不需要累到人仰马翻的"八百里加急"，也能够轻轻松松"天涯若比邻"。